遊牧の人類史

遊牧の人類史

構造とその起源

松原正毅 *Masatake Matsubara*

岩波書店

目次

第1章

遊牧研究への道

ヒツジの群れ(少数のヤギを含む)の移動．中国新疆アルタイ山脈にて．1993年7月．

松原正毅撮影，国立民族学博物館蔵

遊牧とは

遊牧は、農耕とならぶ現生人類の古い生活様式のひとつである。遊牧は、群れをなす習性をもつ有《ゆう》蹄《てい》類《るい》と共生しながら、そこから産出する乳や毛、皮、肉などの利用を基盤に移動性に富んだ暮らしをいとなむ生活様式である。現生人類が深いかかわりをもった有蹄類には、偶蹄目(ヒツジ、ヤギ、ウシ、ラクダ、トナカイなど)と奇蹄目(ウマ、ロバなど)がある。歴史をかさねるとともに、野生動物の群れとの相互的な共生関係は、現生人類による動物群への管理の度合いの強いものにすこしずつ変化してゆく。その変化は急激ではなく、ながい時間をかけたゆるやかなものであっただろう。

ここでしめした遊牧の定義のなかで、重要な要素は三つの点にしぼられる。それは、群居性の有蹄類との共生、乳や毛、皮、肉などの利用、移動性に富んだ暮らしの三点である。これらの三つの要素が有機的に融合するなかで、はじめて遊牧の起源をみることができるようになる。遊牧という生活様式は、本来的に移動する動物群との共生のうえに全生活体系を構築したものといえるだろう。

遊牧の起源を含めた遊牧研究の困難さは、その生活そのものに起因しているところがおおいといえるだろう。移動を基盤としている遊牧生活においては、考古学的な検証の対象となりうる長期的な居住の痕跡や堆積をほとんどのこすことがない。現在の遊牧生活において数日から数カ月のあいだ使用した露営地でも、移動のあとには居住の痕跡をみごとなほどのこしていない。遊牧生活では、考古学的な遺跡だけでなく、考古学的な遺物をのこすことも稀である。遊牧を考古学的な手法で研究するにあたっては、多大な制約が存在するといってよいだろう。

遊牧研究を困難にしているもうひとつの要因は、遊牧民自身がみずからの歴史を文字記録としてしるす事例がほとんどなかったことである。紀元前の遊牧民として有名なスキタイや匈奴の活動の様子は、ヘロドトスの『歴史』や司馬遷の『史記』、班固の『漢書』などに記録としてのこされた。これらは、いずれも遊牧生活の外部者による記録である。紀元後も、八世紀前半のオルホン突厥碑文など少数の例外的事例をのぞけば、遊牧民自身がみずからの歴史を記録としてのこすことはおこなわれていない。

遊牧生活の外部者の視点からえがかれた歴史には、当然ながら記録者の偏見がくわわる部分がおおくなる。この偏見をしるした典型的な文章が、『漢書』匈奴伝にみられる[1]。

> 夷狄の人は貪欲で利を好み、頭髪を被り、左衽《さじん》の服を用い、人間の顔をしながら獣の心をもつ。中国とは章服を異にし、習俗もちがっている。飲食も同じでなく、言語も通じない。北のはての、寒い荒野に離れ住み、草を逐い家畜にしたがって移動し、射猟で生活を立て、山谷を以って隔《へだて》とし、砂漠をもって身をかくす守りとしている。天地が外と内とに隔絶せられているわけである。
> かかるが故に聖王は、〔彼等異民族を〕禽獣と見なしてこれを畜《やしな》うけれども、彼らと誓約を結ぶことはせず、こちらから出かけて攻伐はしない。彼等と約束を結ぶと、贈与に費用がかかって、しかも欺かれる。彼等を攻めるときは、軍隊を労《つか》らせて、しかも侵入を招くこととなる。彼等の

> 土地は、〔占領しても〕耕作して食料を生産することはできず、彼等の人民は、〔征服しても〕臣下として畜うことはできない。それゆえ〔彼等を〕外にして、内にしないのである。疎《うと》んじて近づけず、政治教化を彼らには及ぼすことなく、その国に暦制を授けることもしないのである。
> 〔かれらが中国に〕来服したときは、戒諭してこれを統御し、離れ去ったときは、〔中国は〕警備を厳重にして防備する。彼らが〔中国の〕道義を慕って貢献して来れば、彼等に接するには礼譲を以てし、牛馬に手綱鼻づなをつける如くに牽制し続け、〔こちらから悪をしかけず〕曲悪は彼等側にあるようにする。これこそ聖王が蛮夷を制御する常道である。

古代中国においては、遊牧民の匈奴を「人面獣心」の存在としてあつかい、できるだけ直接的な接触を回避するようにしていたのである。こうした姿勢は、『漢書』以降の中国の史書の記述にも定型的にうけつがれてゆく。

遊牧民を別枠の存在としてとりあつかう姿勢は、近代国家制度のなかでも継承されている。遊牧民を内部にかかえるおおくの近代国家において、強圧的な定住化政策や遊牧絶滅政策がおこなわれた。こうした典型的な事例は、旧ソ連においてみられる。旧ソ連における遊牧絶滅政策は、徹底的なものであった。一九三〇年代前半におしすすめられた遊牧絶滅政策によって、カザフスタンを中心に数百万人におよぶ死者がでたといわれている。

遊牧民を特別視したり、別枠の存在としてあつかう背景には、移動という要素が強くはたらいているとおもわれる。定住という視点からみるとき、移動にもとづいた生活は正常なものとされない偏見が存在しているわけだ。現生人類史のなかでは、むしろ定住という生活様式のほうが、あたらしく出現したものといえる。定住の生活様式が現生人類のなかにひろくみられるようになるのは、約一万年前からのことであるからだ。

約二〇万年とされる現生人類史のなかで、定住よりも移動のほうが常態的であったといえる。定住生活をおくった期間は、移動ですごした期間よりもはるかにみじかいわけである。遊牧は、あきらかに移動生活の延長線上に出現している。現生人類の移動生活が野生の動物群の遊動生活にかさなりあったところから、遊牧が出現する。その意味では、遊牧を特別視するのはかならずしも正当なこととはいえないだろう。遊牧を、本来あるべき位置において再評価する必要がある。それと同時に、現在の遊牧生活そのものを凝視すべきである。そこから、はじめて遊牧の起源をたどる道がひらけてくるだろう。

遊牧という言葉

現在日本語のなかでもちいられている遊牧という言葉は、漢語に由来したものである。日本語のなかでいつから遊牧という言葉がつかわれはじめたのか判然としないところがあるが、幕末・明治期以前にまでさかのぼるものではないようだ。日本語のなかで遊牧という言葉が使用された早期の事例としては、西周訳『万国公法』(京都竹苞楼、一八六八年)があげられるだろう。この書のなかで、「其民或いは漁猟或いは遊牧を以て生となし」という文章がみられる。ここにあげた『万国公法』は、西周がオランダに留学していたときに師事したフィッセリングの口述を筆記・翻訳したものだ。

漢語のなかの遊牧という言葉も、ふるくからみられるものではない。『史記』や『漢書』をはじめとする歴代のおおくの史書のなかで、遊牧という言葉の使用例がほとんどないからだ。『後漢書』烏恒伝では、「水草に随《したが》いて放牧し、居に常処無し」という文章がみられる。ここから、放牧の用例が遊牧よりもはやくみられたことがわかる。『後漢書』は、四三二年に成立したとされる。

比較的にはやい事例として、一〇六〇年に成立した『新唐書』西域伝下大食の項に游牧の用例がみられる。それは、「故に大食常に此に游牧す」という文章である。大食は、唐代にアラビア人をさす言葉としてもちいられた。遊牧の用例が増加するのは、一八世紀ころの清朝の資料からである。清朝の行政法規を集成した『清会典事例』などに、游牧の用例がよくみられるようになる。游牧は、遊牧と同意味である。時代をへるごとに、遊牧という言葉が多用されるようになった。

清朝の資料にあらわれる遊牧(游牧)は、ツングース語系の満州語における該当語の漢語への翻訳語であったとされている。満州語における該当語は、ヌクテンビ(nuk'tembi)である。ヌクテンビは、満州語で移動や遊牧を意味している。漢語に該当する言葉がなかったので、満州語ヌクテンビにあたる訳語をつくりだしたといわれている。あるいは、先行例を参照した可能性もかんがえられるであろう。満州語は、当時の清朝の支配者層の使用する言語であった。

トルコ語では、遊牧を意味する言葉はギョチェベリック(göçebelik)である。遊牧民のことは、ギョチェベ(göçebe)という。このギョチェベリックやギョチェベは、動詞ギョチメック(göçmek)の派生語である。動詞ギョチメックは、移動することを本来の意味としている。トルコ語においても、満州語と同様に移動と遊牧はかさなりあった語彙として使用されているわけである。これは、遊牧の基盤が移動であることを表象しているところからきているものといえるだろう。この場合の移動は、全生活体系とともに家畜群を共伴していることが前提とされている。

英語では、遊牧にあたる言葉としてノマディズム(nomadism)がもちいられる。このノマディズムには、遊牧生活とともに漂泊生活や放浪生活の意味がこめられている。ノマディズムのもとになったノマッド(nomad)は、ギリシア語のノマス(nomas)に由来している。ノマスのもとの意味は、放牧場をもとめて歩きまわることである。このノマスには、本来的に家畜群をふくめた全生活体系の移動という意味あいは薄いようだ。学術的な用語としては、遊牧としてパストラル・ノマディズム(pastoral nomadism)がつかわれることがおおい。パストラルの名詞形パストラリズム(pastoralism)は、牧畜の意味である。

満州語のヌクテンビ、トルコ語のギョチェベリックと英語のノマディズムを比較するとき、当然ながらそれぞれの言語が背負っている歴史が背景としてうかびあがってくる。日本語において比較的あたらしい時代に遊牧という漢語をそのままうけいれたのは、日本列島にはもともとそうした言葉を生みだす生活基盤がなかったためといえるだろう。

遊牧と牧畜

ここで、遊牧に関連する用語類を整理しなおしておく必要があるだろう。これらの用語類が、遊牧の起源をかんがえるうえでの歴史的意識と微妙にからまりあっているからである。それは、現生人類と野生動物との相互的な関係や動物の家畜化をどうとらえるかという基本的な問題に直結してゆく。

日本語のなかで、遊牧とよく混用される言葉として牧畜がある。牧畜という言葉も、遊牧と同様に漢語に由来している。牧畜の用例は、『後漢書』樊宏伝にみられる。ここでは、「池魚牧畜、求め有れば必ず給す」という文例になっている。この文例のなかでは、池の魚と飼養された家畜が対として表現されているのである。牧畜の本来的な意味は、あくまでも「飼養された家畜、畜類を飼養すること」といえる。日本語のなかの牧畜の用例は、明治初期からさかんになるようだ。たとえば、村田文夫『西洋聞見録』(井筒屋勝次郎、一八六九〜七一年)に「阿爾蘭《アイルランド》は気候温和にして甚だ牧畜に適し」のような文例がみられる。

牧畜という言葉の前提には、動物の家畜化、家畜化された動物という観念の存在していることが明白にうかびあがってくる。牧畜という概念自体が、動物の家畜化がなければ成立しないものといえるだろう。当然ながら、牧畜という言葉にはテントや家族などをふくむ全生活体系をともなった移動を連想するニュアンスはみられない。牧畜に関連した牧場・牧夫・牧童・牧牛・牧馬・牧羊などの用語は、いずれも家畜化と深くむすびついたものといえる。

ときに、遊牧的牧畜や定住的牧畜の表現をみることがある。移動性の有無を基準にして、牧畜の形態を分類したものといえる。本書で採用している遊牧の定義(群居性の有蹄類との共生、乳や毛、皮、肉などの利用、移動性に富んだ暮らしの三つの要素の有機的な融合)にてらしあわせてみるとき、遊牧的牧畜の表現はすこし妥当性を欠くところがあるようだ。遊牧と牧畜とのあいだに、本来的には意味的な距離があるからである。

遊牧と牧畜とのあいだの意味的な距離は、家畜化を境界線に生じるものとかんがえられる。遊牧の定義のひとつの要素である「群居性の有蹄類との共生」は、野生の状態の動物群にも適用されるからである。もちろん、一定の条件がみたされていれば、この定義は家畜化された状態の動物群への適用も可能といえる。一定の条件とは、共生関係の保持がある程度の持続性をもつかどうかにかかわるところである。

遊牧に対して、牧畜においては群居性の有蹄類との共生は必要条件とはならない。牧畜は、動物の家畜化が成立したあとに出現する形態といえるからだ。遊牧とちがって、牧畜は動物の家畜化がなければなりたたないものである。時間的な経過のなかで、遊牧と牧畜とのあいだには多様な変異形があらわれたであろう。そのなかのひとつの変異形として、遊牧的牧畜を想定することは可能といえるかもしれない。現生人類の主要な生活様式のひとつである農耕が登場してくるとともに、遊牧と牧畜とのあいだの変異形の多様化がさらに進行したとおもわれる。

歴史的な時系列からいえば、あきらかに遊牧は牧畜に先行している。牧畜は、遊牧への農耕や家畜化の影響のなかで成立したとかんがえられる。一部では、遊牧の農耕起源説や遊牧の牧畜起源説がとなえられている。歴史的な時系列からいえば、これらはすべて逆といえる。遊牧が、すべてに先行している可能性が強いであろう。

遊牧に関連して、牧畜のほかに移牧という言葉がもちいられることがある。移牧は、冬は低地で夏は高地で家畜群を飼育する牧畜の一形態である。ヨーロッパのアルプス山地などで、移牧の典型的な事例がみられる。移牧では、遊牧とちがって全生活体系が家畜群とともに移動するということはない。英語では、移牧はトランスヒューマンス(transhumance)といわれる。日本語の移牧は、比較的あたらしいこの訳語である。

遊牧の研究史

遊牧という生活様式そのものを対象とした研究の蓄積は、かならずしも厚いとはいえないだろう。遊牧民自身がみずからの生活を記録としてのこすことがなかったし、外部から遊牧民の生活の内部にはいって詳細な参与観察をおこなうこともすくなかった。遊牧生活の基盤となっている移動の全行程をともにしながら、研究調査を遂行するにはある種の困難さがあったからでもある。

現地研究(フィールドワーク)にはかなりな困難さがともなうため事例がすくない一方で、見聞や伝聞にもとづいた遊牧生活についての情報ははやくからのこされている。こうした情報を記録した初期の代表的な文献としては、ヘロドトスの『歴史』と司馬遷の『史記』をあげることができるであろう。『歴史』ではスキタイ、『史記』では匈奴の事例があつかわれている。

紀元前五世紀に活躍した歴史家ヘロドトスは、『歴史』のなかで黒海沿岸を主舞台とした遊牧民スキタイの動向を詳述している。ヘロドトスは、『歴史』第四巻の半分ちかくをスキタイについての記述にあてている。この記述は、紀元前五一三年ころにアケメネス朝ペルシアのダレイオス王がおこなったスキタイ征伐に関連してしるされているものだ。その内容は、宗教や習慣、料理など多岐にわたっている。注目すべき記述としては、つぎの文章をあげることができるであろう。②

彼等には築かれたポリスも城壁もなく、ことごとく騎馬弓兵である彼等には、行く先々が家であって、定住する家とてはなく、耕作によらず家畜によって生を保ち、そして、彼等の唯一の住居はほろ車であるという状態で、どうしてそんな者を征服できようか……。

ヘロドトスの記述にあるとおり、ダレイオス王によるスキタイ征伐は最終的には失敗している。

ヘロドトスから約三〇〇年後に活躍した歴史家司馬遷は、紀伝体とよばれる独創的な歴史書『史記』の草稿を紀元前九一年ころにまとめあげたといわれている。司馬遷は、『史記』列伝のなかで匈奴伝をもうけて東アジアの遊牧民の歴史を詳述した。匈奴伝のなかでは、その歴史とともに習慣や宗教などについてもしるされている。

匈奴伝の冒頭で、匈奴についてつぎのような記述がされている。③

彼等は畜類を牧するために転移する。その家畜で多いものは馬・牛・羊であり、特殊の家畜は橐《たく》駞《だ》・驢《ろ》・驘《ら》・駃騠《けってい》・騊駼《とうと》・驒騱《たんけい》である。水と草とをもとめて転々と移動し、城郭や常住地・耕田の作業はない。しかしやはり各々分地を有《も》っている。文書はなく、言語を以て〔相互に〕約束をする。小児もよく羊に騎《の》り、弓をひいて鳥・鼠を射ることができる。少しく成長すれば狐や兎を射て食用とする。士はみな力強く弓をひくことができ、すべて甲冑をつけて騎士となる。その風俗は、平和の時は家畜にしたがって移動し、鳥や獣を射猟して生業とするので、一旦急変あるときは、人々は攻戦になれており、侵掠攻伐をする。これが天性である。遠くに達する兵器には弓矢があり、接戦用の兵器としては刀鋌《せん》がある。勝つと見れば進み、不利と見れば退き、遁走を恥としない。利益ありと知れば、礼義をもかえりみぬ。

すぐれた遊牧民の民族誌としては、フレデリック・バルト(Fredrik Barth)の『南ペルシアの遊牧民』(*Nomads of South Persia*)やピエール・オバーリング(Pierre Oberling)の『ファルス州のカシュカイ遊牧民』(*The Qashqā'ī Nomads of Fārs*)などをあげることができる。これらは、いずれも主として対象となったイラン南部の遊牧民(バッセリとカシュカイ)の民族誌とそれに関連する歴史をとりあつかっている。当然のことながら、それぞれの著作には明確な執筆意図があるので、遊牧の起源にふれた部分はほとんどみられない④。

日本において遊牧の起源について最初にとりあげたのは、今西錦司である。今西は、『遊牧論そのほか』のなかでつぎのような指摘をおこなっている⑤。

ステッペに野生した馬の群れなり羊の群れなりが、かの熱帯林の梢上に生活するサルの群れと同じように、血縁的・地縁的な一つの社会単位として、群れの維持と同時に、その群れのよってたつ一定の遊牧圏を維持して、みだりに他を冒さないという、理想的な群れ社会をなしていたものと仮定することにほかならない。

そしてもし、こういった群れが実在していたと仮定するならば、これに対して狩猟生活者の側には、いかなる変化が生じてくるであろうか。まず、この群れは、それが結びつけられている一定の遊牧圏から、逃げ出すおそれがないであろう。したがって狩猟生活者は、狩猟における第一前提ともいうべき、獲物の捜索ないしは発見という負担から解放される。かれはもはや獲物にあぶれるかもしれないという心配をする必要がない。群れはかならずその遊牧圏内のどこかに居るにきまっているからである。その遊牧圏というものが相当広い地域にわたっていて、群れの存在を確かめるのに手間がかかるようなら、かれはその群れについて群れの存在を見失なわぬように移動をつづけることもできるであろう。そうなると、群れの遊牧にしたがって動く人間のほうも、知らぬ間に一種の遊牧形態をとっている。それは牧畜以前において、すでに遊牧しているとさえいえるのでないか。換言すれば、人間の遊牧は、動物の群れの遊牧に誘発されて、すでに狩猟時代からはじまっているものということができよう。

この今西の遊牧起源論について、『遊牧論そのほか』の刊行から五〇年ちかくたった一九九七年に梅棹忠夫はつぎのような注釈をくわえている。梅棹は、一九四四年に今西隊長のもとにおこなった内モンゴル調査隊のメンバーのひとりであった。梅棹の注釈は、つぎのとおりである。(6)

遊牧の本質とその起源については、モンゴルでのフィールド・ワークの当時から、わたしは独自の仮説をもっていた。一般に、ウシやヒツジの群れはかこいのなかで飼いならした個体をしだいにふやして、草原での家畜群を成立させていったものとかんがえられがちである。しかし、わたしは家畜群を観察しながら、この説にはおおきい疑問をもつようになった。かれらは人間に飼いならされるまえから、群れであったのではないか。草原を徘徊する家畜群がさきに存在していて、あとからそれに人間がくっついていったのではないか。そしてその人間というのは、北方森林からでてきた狩猟民たちであろう。森林の狩猟民たちが草原に進出して、草原に生活していた有蹄類の動物の群れに接近して、そのまま動物と人間の共同体が成立したとかんがえたのである。

……

ところが、今西さんは『遊牧論そのほか』のなかで、わたしのこの仮説をさきに発表されたので、これは「今西説」といわれるようになった。これについては、事情をしったひとのなかから今西さんを非難する声もあったが、わたしはべつに抗議はしなかった。これはたしかにわたしが言いだした学説であるが、いわば共同研究の成果ともいえるものだし、今西さんも調査隊全体の報告というほどの気もちで書かれたのであろう。だから、わたしは今西さんと功績をあらそうつもりはなかったし、まあよいではないかとおもっていたのである。

のちにわたしは『狩猟と遊牧の世界』(一九七六年、講談社)という著書をあらわして、遊牧の起源についての自説を全面的に展開した。それ以後、この説は「今西・梅棹説」といわれるようになった。

遊牧の起源についての今西・梅棹説は、当時だけでなく現在でも充分な有効性を保持しているといえる。その意味では、卓抜な仮説として評価すべきものであろう。現生人類と野生動物群との共生関係の成立を遊牧の起源とかんがえるわたし自身の仮説は、今西・梅棹説に接続するものといえる。

今西・梅棹説のなかで示唆されている重要な点のひとつは、遊牧の起源を動物の家畜化に先行するものとかんがえるところにある。おおくの遊牧起源論のなかでは、遊牧と家畜化をひとつのセットとしてあつかっている。家畜化の成立を前提として、遊牧の起源をかんがえるわけである。わたし自身は、遊牧の起源と家畜化の実現はわけてあつかうべきだとおもっている。家畜化は、遊牧の起源のずっとあとに成立した可能性が強い。この問題については、後章で詳述する。

アムダリア騎馬行——本書執筆の背景(1)

遊牧という生活様式について、わたし自身ははやくから興味をいだいていた。家畜群とともにおこなう移動生活の実態について、みずからの目でたしかめたいという深いおもいがあったからである。当時、日本においては遊牧生活との接点がすくないためもあって、かぎられた情報しか入手することができなかった。

さいわいなことに、一九六〇年に京都大学文学部に入学してからすぐに京都大学探検部の顧問であった今西錦司(京都大学人文科学研究所教授)、梅棹忠夫(大阪市立大学理学部助教授)の両先生と親しくお話ができる関係になった。今西・梅棹の両先生は、幅ひろい課題について深い思索をめぐらす稀有な研究者であったが、遊牧研究の先達者でもあった。学生時代に碩学の両先生から、戦前におこなった内モンゴルでの遊牧研究の一端を断片的にきいている。断片的であっても、両先生の話をきいて遊牧研究への興味がさらにかきたてられたのである。

一九六七年八月、京都大学中央アジア学術調査隊(隊長樋口隆博京都大学文学部助教授)の一員としてアフガニスタンにわたった。わたしが、京都大学大学院文学研究科博士課程一年生のときである。アフガニスタンでは、北東部のクンドゥズ近郊に所在するチャカラク・テペの考古学的発掘調査に従事した。チャカラク・テペは、クシャン朝(一～三世紀)時代の遺構を中心とした城塞遺跡である。チャカラク・テペの発掘調査は、一九六四年から一九六七年までおこなわれた(7)。

チャカラク・テペは、パシュトゥンの人びとの集落のちかくにあった。パシュトゥンは、ペルシア語系の言語を話し、アフガニスタンの主要民族のひとつである。集落は、西アジアにひろくみられる日干しレンガ(水でこねた泥土を天日でかわかしたレンガ)の平屋建ての家々で構成されている。この集落は、冬営地として使用されていた。ちょうどこの時期は、集落の半数ちかくの人たちが家畜群とともにヒンズークシュ山脈の夏営地に移動したあとだった。そのため、数おおくの家屋が空家状態になっている。冬営地に定住した人びとの大部分は、農耕に従事していた。この集落のなかで遊牧と農耕に従事する人の割合は、おおよそ半々くらいである。

このときは考古学的調査が主要な任務であったので、ヒンズークシュ山脈の夏営地まで足をのばして遊牧生活に参加する時間も計画もなかった。それでも、わたし自身ははじめてクンドゥズ近郊の冬営地で遊牧生活の片鱗を垣間みることができたわけである。大半の家畜群は夏営地に移動していたので、集落には少数のヒツジやウマ、ロバなどしかのこっていなかった。少数の家畜群であったけれど、その群れの発する臭いや声、音などをしっかりと脳裏にきざむことができた。そのときの記憶は、半世紀よりもながい時間の経過した現在でも明瞭によみがえってくる。

一九六七年一一月末、その年の発掘調査の後片づけをおえ、帰国する調査隊メンバーをカーブルでみおくる。このあと、ひとりでクンドゥズにかえった。クンドゥズにかえったのは、アムダリア川ぞいの遺跡の分布調査をおこなうためである。この調査のため、カーブルで内務省から許可をとっている。アムダリアが、アフガニスタンとソ連との国境となっていたからだ。

遺跡分布の調査旅行は、約二週間の予定である。国境線ぞいの旅であるため、ふたりの若いアフガン兵が全行程に同行することになっていた。かれらは、道案内と警護、監視の役を兼ねている。ジープでクンドゥズから北へ約五〇キロメートルいったところで、一泊した。ここで、今回の旅行用のウマを三頭手配するためである。内務省の調査許可証をもっていたので、ウマの手配はスムーズにいったようだ。

翌朝、三頭のウマがきた。いずれも、屈強な骨格をした茶褐色の駿馬である。わたしには、比較的おとなしそうなウマがあてがわれた。じつのところ、わたしにはそれまで騎馬経験がほとんどなかった。アフガニスタンにくる五年前の一九六二年九月(京都大学文学部二回生)に、体育の授業の一環として京都大学馬術部の馬場で初歩的な騎乗の手ほどきをうけたくらいである。三〇分たらずの一回だけの手ほどきであったので、騎馬経験があるといえるほどのものではなかった。そんな騎乗に未熟なまま、いきなり二週間ちかくの騎馬旅行にでかけたのである。

出発の朝は、暗灰色のどんよりとした曇り空だった。いまにも、雪がふりそうである。風もでてきている。悪天候になりそうな気配だったので、さきをいそぐためふたりのアフガン兵はいきなりウマを疾駆させた。もちろん、騎乗に未熟なわたしは、そんなスピードではしるウマを制御することはできない。落馬しないように、なんとか鞍にしがみついているだけである。わたしの未経験な状態に気づいたかれらは、ひきかえしてきて前後をふたりのウマではさんで早足ですすむようにしてくれた。

午後おそくからは、吹雪になった。横なぐりに顔をうつ雪は、飛礫のような痛さである。日がとっぷり暮れてから、その日の目的地の集落についた。手足だけでなく、体全体が氷のように固まった状態である。自力でウマをおりることができなかった。同行しているふたりの兵隊は、ウマごと土手のところにつれていって、そのうえにわたしをつきおとしてくれた。しばらく、身うごきができない。ちょうど断食あけの時間だったので、村の人が焼きたてのナンを凍りついた手のあいだにおしこんでくれた。かじかんだ手をあたためたあと、口にしたナンは格別の味だった。手荒い騎馬体験の洗礼をうけたおかげで、あとの旅をなんとかのりきることができたわけである。

アムダリアぞいの遺跡の分布調査で、いくつかのテペと城塞跡を確認することができた。もうすこし詳しい地表調査は、他日を期すしかなかった。その後、これらの遺跡について言及した論文はみていない。もちろん、考古学的発掘の対象となった事例もないといえるだろう。これらの遺跡のいくつかは、長期間にわたってつづいたソ連のアフガン戦争(一九七九〜八八年)、アメリカのアフガン戦争(二〇〇一年〜現在)によって破壊されたものとおもわれる。

アムダリアぞいの騎馬旅行は、わたしのその後の遊牧研究におおくの資するものをもたらしてくれたとおもっている。まず、中央アジアの代表的な大河のひとつであるアムダリアをみることができたのは大きな収穫であった。アムダリアはペルシア語で、古代ギリシア語ではオクソス、ラテン語ではオクサスとよばれている。これらの名称は、中央アジアの古代史にはやくから登場する。アムダリアは、数おおくの重要な歴史の舞台となっている。

もうひとつの大きな収穫は、アムダリアぞいにおおく居住するウズベクやトルクメンの人たちにあえたことだ。ウズベク人もトルクメン人も、トルコ語系の人びとである。この地域のウズベク人やトルクメン人のおおくは、一九三〇年代のソ連領内の大規模な弾圧にともなう動乱からのがれるためアムダリアをわたってアフガニスタンにはいってきていた。一九三七年には、国境をこえたソ連軍による空爆によって甚大な被害をうけたとのことであった。この騎馬旅行によって、わたし自身はウズベク語やトルクメン語などのトルコ語系の世界のなかにはじめて身をおくことができたのである。

トルコ系遊牧民ユルックの調査——本書執筆の背景(2)

一九七一年一〇月、わたしは京都大学人文科学研究所西洋部社会人類学部門の助手として採用された。助手公募の試験と面接があり、これに挑戦した結果である。社会人類学部門の教授は、梅棹忠夫であった。梅棹のまえの初代教授は、今西錦司である。

一九七二年六月、第三次京都大学ヨーロッパ学術調査隊(隊長会田雄次京都大学人文科学研究所教授)東地中海班の一員としてパリ、アテネを経由してトルコにむかった。同行者は、前川和也(京都大学人文科学研究所助手)と妻の和子である。前川は、気鋭のシュメール学者で、わたしの農村調査に同行したあとは、イスタンブルの考古学研究所で専門のシュメール語粘土板の調査研究をおこなう心づもりであった。

わたし自身がヨーロッパ調査隊への参加に手をあげたのは、ユルックとよばれるトルコ系遊牧民の生活のなかにはいりたいという希望をもっていたからである。一九六七年末にであったウズベクやトルクメンなどをふくむトルコ系諸民族の歴史への興味がふくらんでいたのと、遊牧生活を自分の目で確認したいというおもいが大きかった。人類史における遊牧の意味を追求できれば、ともかんがえていたのである。

わたしたちがトルコに入国した当時、トルコ国内は学生の反乱に起因したいわゆる左右の対立をふくむ政治的混乱がはげしい状態であった。一九七一年一一月からは、アンカラ、イスタンブル、イズミルなどの主要都市と東部の諸県あわせて一一県が戒厳令下にあった。国の全土が戒厳令下にあったわけではないが、そのような状況のなかで広い範囲を移動する遊牧民を対象とする調査許可を取得できる可能性はほとんどなかった。

一九七二年七月中旬にアンカラにはいってから、調査許可の取得に全力をあげた。トルコ人の友人や知人たちの支援をうけながら、調査の候補地をきめ、内務省の担当者と交渉をかさねる。調査地としては、アナトリア(アナドル)南西部のブルドゥル県ジェヴィズ村をえらんだ。ここは、首都アンカラから南西に約四〇〇キロメートルはなれ、地中海ぞいに東西にのびるタウロス(トロス)山脈の北側に位置するアナトリアの典型的な村のひとつであったからである。政治的な混乱もなく、治安のよい地域であったことも選択の理由のひとつだった。それにくわえて、おおくのアナトリアの村と同様にジェヴィズ村は二〇〇年前くらいに遊牧民が定住した村ということもある。

調査期間は二週間という許可を取得したあと、一九七二年九月中旬にジェヴィズ村にはいった。ジェヴィズ村の調査後、一度キプロスに出国した。三カ月の滞在ビザの有効期限がきれたためだ。一〇月末に、トルコに再入国する。再入国後、ジェヴィズ村の再調査の申請をだし、許可をえている。前川は、イスタンブルの考古学研究所での粘土板調査のためアンカラをはなれた。わたしと妻和子は、ジェヴィズ村にもどる。一九七二年一二月から七三年一月末まで、村ですごした。

ジェヴィズ村の調査は、一九七六年九～一二月、七八年九月～七九年二月と継続しておこなっている[8]。ジェヴィズ村の調査の期間中にも、アンタリア近郊の遊牧民ユルックについての情報の収集につとめた。さらに、アンカラにでた機会に内務省の担当官と話しあいをかさねて、遊牧民ユルックの調査許可について内諾をえている。七九年二月に日本に帰国したあと、同年八月からの調査許可を正式にうけた。遊牧民ユルックの調査許可を入手するのに、六年間の年月が必要だったわけである。

一九七九年八月に、ジェヴィズ村のルザ・ババと一緒にイスパルタ県のシャルキ・カラアーチにむかった。ルザ・ババは、わたしたち家族をうけいれ、長年にわたって父親(ババ)役をはたしてくれた稀有な人格者である。シャルキ・カラアーチにきたのは、前年の一二月末にルザ・ババと一緒にたずねて一泊したチャドル(黒ヤギの毛で織ったテント)の主人ムスタファ・ギョクをさがすためである。前年の訪問のとき、秋営地をシャルキ・カラアーチ近郊の村にもうけていることをきいている。シャルキ・カラアーチの水曜市にはかならずきていることも、あらかじめしらされていた。その日は、ちょうど市(パザール)のたつ水曜日だった。

それほど手間どらないうちに、ムスタファとパザールで再会することができた。八カ月ぶりである。ムスタファに同行して、秋営地のある村までマイクロバスでむかった。マイクロバスのなかは、パザールで買物をすませた人と荷物ではちきれそうになっている。村のなかのマイクロバスの終点から秋営地のチャドルまで、徒歩で二〇分くらいの距離である。

秋営地は、タウロス山脈の北斜面の山麓にあった。ムスタファのチャドルは、休耕地の小高いマウンドのうえにはられている。ベイシェヒル湖の北岸をすぐしたにみおろす、見晴らしのよい場所だった。ジェヴィズ村からずっと同行してくれたルザ・ババはチャドルで一泊したあと、ブルドゥルにかえった。

ムスタファのチャドルには、当時八人の家族が同居していた。ムスタファ夫婦とムスタファの母、二人の息子と三人の娘の構成である。そこに、わたしが居候としてひとりくわわったわけだ。ここで、一年あまりの遊牧生活をすることになる。わたしがチャドルでの居候生活をはじめた当時、ヤギが二四三頭、ヒツジが一四五頭、ウシが四三頭、ラクダが六頭、ウマが九頭、ロバが二頭、イヌが五頭の家畜群がいた。ヤギ、ヒツジ、ウシ、ラクダは、ほぼ毎日世帯のメンバーがついて採食のための放牧にでかけている。ウマは、夏営地で放し飼いである。騎乗の必要ができたときだけ、夏営地まであがり捕獲してつれてくる。冬営地への移動をはじめるまえまで、ウマは夏営地で自由にすごしているわけだ。

わたし自身は、遊牧生活のあらゆることを細部までまなぶ必要があった。まずチャドルの構成員と行動をともにしながら、すべての家畜群の放牧に毎日ついてゆかなければならない。一日中の行動の

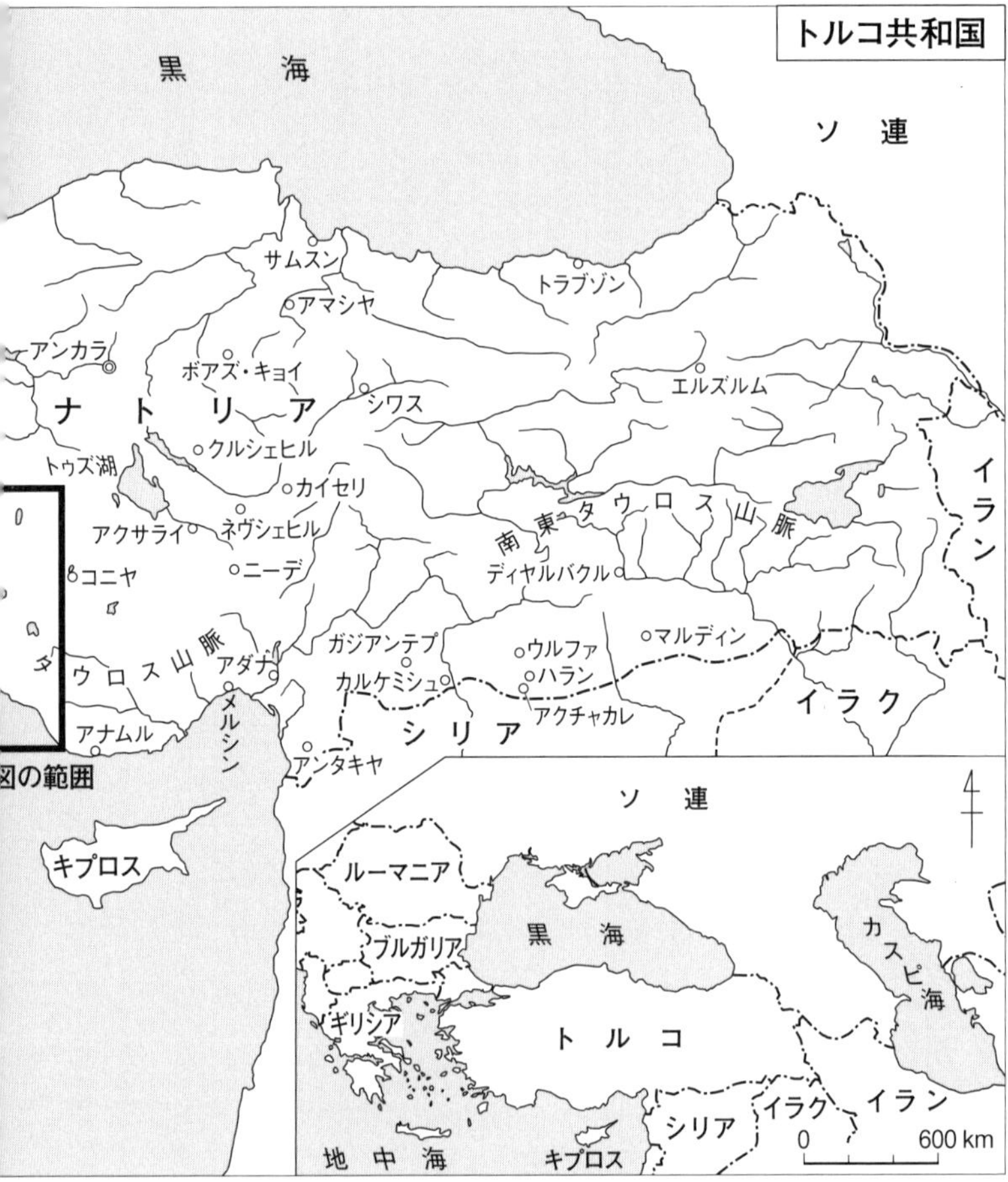
トルコ共和国
黒海
ソ連
サムスン
トラブゾン
アマシヤ
アンカラ
ボアズ・キョイ
エルズルム
アナトリア
シワス
クルシェヒル
トゥズ湖
カイセリ
イラン
南東タウロス山脈
アクサライ
ネヴシェヒル
コニヤ
ニーデ
ディヤルバクル
マルディン
ガジアンテプ
ウルファ
タウロス山脈
アダナ
カルケミシュ
ハラン
メルシン
アクチャカレ
イラク
アナムル
シリア
アンタキヤ
図の範囲
キプロス
ルーマニア
ブルガリア
カスピ海
ギリシア
トルコ
イラク
イラン
シリア
0
600 km
地中海

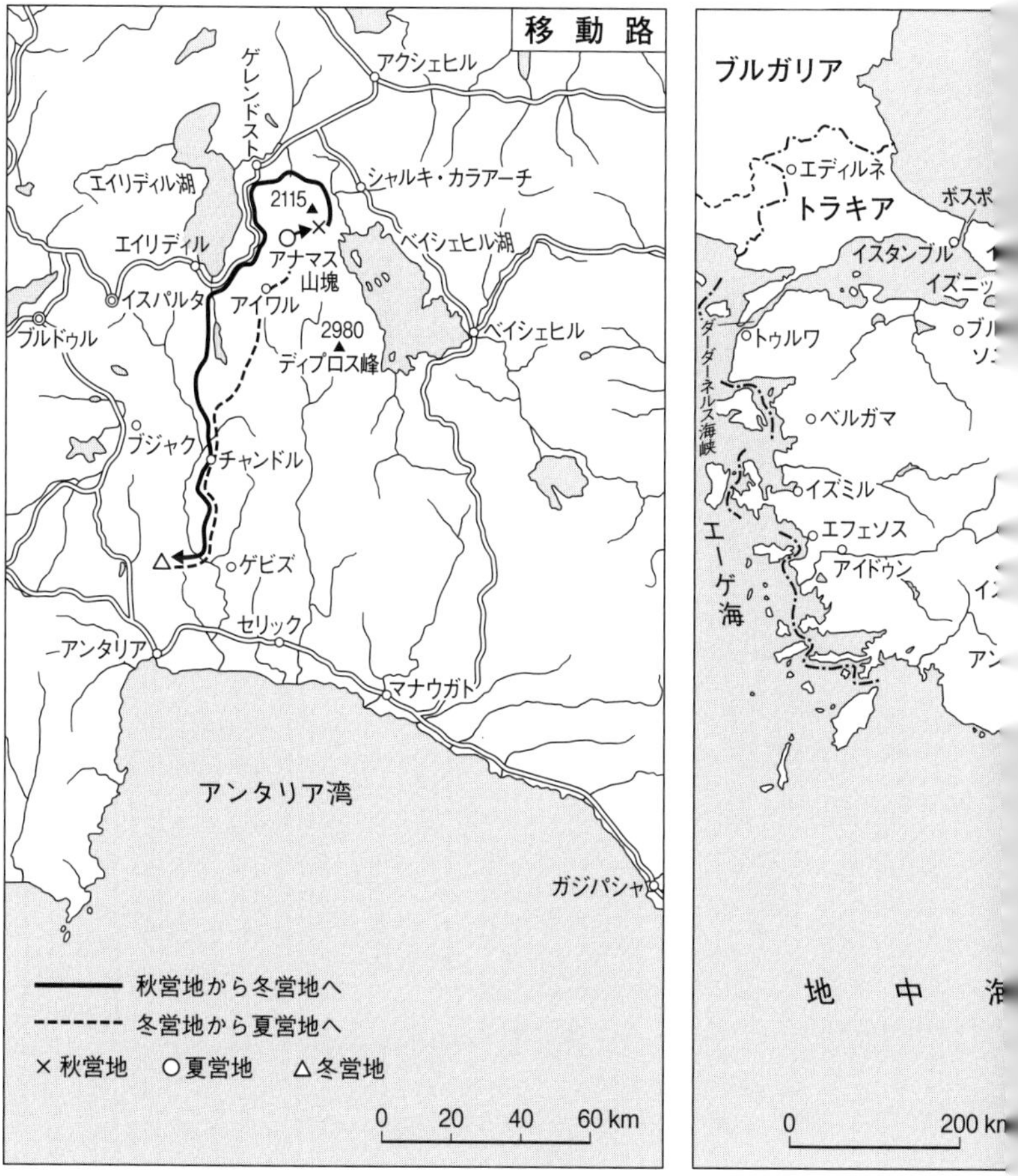

図1　トルコ系遊牧民ユルックの移動路(1979-80年時点)
出典：松原正毅『遊牧の世界』平凡社ライブラリー，2004年，10-12頁

なかから家畜群へのかけ声などをふくむ放牧の技術、採食する草や木の葉の名称、搾乳や乳製品の製造技術、家畜の個体識別法、家畜群のすべての個体についている名称や顔かたちなどを、詳細に記録しながら記憶していった。もちろん、日常の食生活や遊牧集団内や移動路ぞいの村々との社会関係など生活のなかでおこるあらゆる事象が記録の対象となる。

一九七九年一〇月に、秋営地から冬営地までの移動をともにした。移動をともにしてよくわかったのは、移動が家畜にとっても人間にとっても祝祭的な行為だということである。移動の開始時の足どりは、あきらかにふだんの放牧のときと異なっている。家畜も人間も、うきうきとした気分に満ちあふれた足どりだ。秋営地から冬営地への移動は、一三カ所に露営地をもうけた二四日間、二二一キロメートルの旅だった。八〇年五月末に冬営地から夏営地へ、同年八月末に夏営地から秋営地への移動をおこなった。年間約四五〇キロメートルの移動をおこなったことになる。

移動に際しては、チャドルや家財道具はすべてラクダの背にのせてはこぶ。一部の人はウマやロバの背にのって道をすすむが、ヤギやヒツジ、ウシなどの家畜群を追う役目の人はすべて徒歩である。この一連の移動のなかで、ラクダの背に荷袋を固定するなどの移動にともなう技術や移動路の歴史、移動路ぞいの村々の状況などをまなぶことができた。移動をふくむ通年の生活のなかで、去勢や出産、家畜の性のコントロール、子家畜の哺乳を制御する技術などを詳細に記録した。これによって、一年間の遊牧生活の全体像をほぼ把握できたとおもっている(9)。

遊牧研究の深化とひろがり――本書執筆の背景(3)

一年あまりにわたるトルコ系遊牧民ユルックの調査をおえたあと、遊牧の歴史と現在をさぐるためのフィールドワークを続行した。ほとんど毎年、西アジアだけでなく、中央アジアや東アジア、北アジアなどのフィールドをたずねている。主要な調査地点は、モンゴル(一九八二、九三、九五、九六、九七年)、ブリヤート・モンゴル(一九九七年)、トゥバ(一九九六年)、新疆(一九八二、八三、九一、九二、九三年)、内モンゴル(一九八二、二〇〇〇、〇一年)、青海省(一九八四、八五年)、チベット(一九八五、八八年)、カザフスタン(一九九二年)、キルギスタン(一九九七年)、ウズベキスタン(一九九五年)、トルクメニスタン(一九九六年)、アゼルバイジャン(一九九三年)などである。トルコには、二〇〇〇年初頭までほぼ毎年のようにでかけている。これらの地域での滞在期間は、長短さまざまであった[10]。

一連のフィールドワークを継続するなかで、うかびあがってきたことがいくつかある。

ひとつは、遊牧の起源についてである。遊牧の起源を、従来いわれているよりもはるかに古くかんがえる必要があるということだ。今西・梅棹説では遊牧の狩猟生活起源が明言されているが、その時期についてはまったくふれられていない。広い地域にわたって遊牧の現在を目にするにつれて、家畜群との共生の歴史的深さをあらためて実感した。家畜化されるまえの野生の動物群と現生人類との交流関係について、さらに深い考察をおこなう必要があるということだ。遊牧は、確立したひとつの生活体系である。遊牧においては、生活に不可欠な道具類は農耕に比較してはるかに簡素なものですませることができる。これも、遊牧の起源を農耕より古くかんがえるべき要素のひとつといえるだろう。

もうひとつは、再遊牧化の問題である。近代国家制度の形成がすすむとともに、強制力をともなった遊牧絶滅政策が広い地域で展開した。遊牧に内包される自由な移動性の原理が、国民としてひとからげに統治しようとする近代国家制度の論理とはげしく衝突したためである。遊牧絶滅政策をもっとも徹底した形で推進したのは、ソ連邦を中心とする社会主義諸国家であった。とくにソ連邦内においては、一九三〇年代の前後に多数の死者をともなった遊牧絶滅政策が強行された。現在、旧ソ連邦中央アジアなどでは、社会組織の編成をふくめて伝統的な意味での遊牧をみることはできない。

一九九〇年代にはいって、旧社会主義国の一部の地域で絶滅政策の桎梏から遊牧が解放される現象があらわれてきた。この現象が顕著にみられるのは、モンゴル(旧モンゴル人民共和国)である。いわゆる民主化のはげしい流れのなかで、社会主義時代に物資の分配拠点としてつくられた定住施設のおおくが機能を失って放棄されてゆく。社会主義時代の体制そのものが、崩壊したためである。この定住拠点の住民の一部が、再遊牧化の道を選択した。再遊牧化の道を選択してまもなく、モンゴル北西部のウブス県などで役所も各季節の幕営地への移動をともにするようになった。表層的には、社会主義化以前の遊牧形態に近似した形である。内実としては、父系血縁集団に基盤をおいた社会組織の調整機能を欠いているのが以前と大きく異なる点である。再遊牧化の現象は、新疆北部のアルタイ山脈地域でもみられる。ここでも、再遊牧化は以前の形態への完全な復帰ではない。

現生人類の社会は、つねに変動している。永続的な平衡状態というのは、ほとんど存在しないといってよいかもしれない。社会的な平衡状態が存在しても、ある限定的な時間のなかでのことがおおい。限定的な時間が、数十年から数百年、数千年のちがいにすぎないことともいえる。歴史的な変動を通じて、はじめてある種の平衡状態をたもちうるという面もあるだろう。

現生人類の生活様式のひとつである遊牧も、歴史的な変動の枠内に位置するものである。その意味では、再遊牧化の現象もそうした変動の一側面といえる。遊牧そのものも、大きな変動のなかで多様に形をかえつづけているのだ。

(1) 内田吟風訳注「漢書匈奴伝」内田吟風・田村実造他訳注『騎馬民族史1 正史北狄伝』東洋文庫、平凡社、一九七一年、一四七~一四八頁。
(2) ヘロドトス、青木巌訳『歴史』新潮社、一九六八年、二四〇頁。
(3) 内田吟風訳注「史記匈奴列伝」『騎馬民族史1 正史北狄伝』三頁。
(4) Fredrik Barth, *Nomads of South Persia; The Basseri Tribe of the Khamseh Confederacy*, Universitetsforlaget (Oslo), Allen & Unwin (London), Humanities Press (New York), 1965.
Pierre Oberling, *The Qashqā'i Nomads of Fārs*, *Mouton*, 1974.
(5) 今西錦司「遊牧論」『今西錦司全集 第二巻』講談社、一九七四年(増補版一九九三年)、二二六頁。「遊牧論」は、今西錦司『遊牧論そのほか』秋田屋、一九四八年に所収されている。
(6) 梅棹忠夫『行為と妄想――わたしの履歴書』中公文庫、中央公論新社、二〇〇二年、九五~九七頁。本書は、文庫化されるまえに、同題名で一九九七年に日本経済新聞社より刊行されている。
(7) チャカラク・テペの発掘成果は、つぎの報告書にまとめられている。
水野清一編『チャカラク・テペ――北部アフガニスタンにおける城塞遺跡の発掘 1964―1967』(京都大学イラン・アフガニスタン・パキスタン学術調査報告)京都大学、一九七〇年。
(8) ジェヴィズ村におけるフィールドワークの成果の一部は、つぎの書物にまとめている。

松原正毅『トルコの人びと――語り継ぐ歴史のなかで』ＮＨＫブックス、日本放送出版協会、一九八八年。

（9）遊牧民ユルックについてのフィールドワークの成果の一部は、つぎの書物にまとめている。

松原正毅『遊牧の世界――トルコ系遊牧民ユルックの民族誌から』上・下、中公新書、中央公論社、一九八三年。この書は、中公文庫版（一九九八年）をへて、二〇〇四年に平凡社ライブラリー版として再刊されている。

松原正毅『遊牧民の肖像』角川選書、角川書店、一九九〇年。

（10）これらの一連のフィールドワークのなかで、一九九一～九三年（中華人民共和国新疆ウイグル自治区、カザフスタン、モンゴル）と一九九五～九七年（モンゴル、トゥバ共和国、ブリヤート・モンゴル共和国）におこなったフィールドワークは、文部科学省による国際学術調査のための科学研究費補助金の支援をうけたものである。このプロジェクトのテーマは、「アルタイ・天山における遊牧の歴史の歴史民族学的研究」（研究課題番号：03041096）と「モンゴルにおける民族形成の歴史民族学的研究」（研究課題番号：07041307）であった。わたしは、ふたつのプロジェクトの主宰者となっている。

このプロジェクトにおけるフィールドワークの成果の一部は、つぎの書物として刊行している。

松原正毅編『中央アジアの歴史と現在――草原の叡智』勉誠出版、二〇二〇年。

第2章

現生人類史のなかで

ラクダとウシの共生．ウシがラクダの体表面の塩を舐める．中国新疆アルタイ山脈にて．

1992年6月．松原正毅撮影，国立民族学博物館蔵

狩猟採集の時代

数百万年におよぶ人類史のほとんどは、野生動物の狩猟と野生植物の採集にもとづいた生活を中心に展開されてきた。農耕や遊牧の生活様式が人類史のなかに登場するのは、ごく新しいことにすぎないといえるだろう。

狩猟採集の生活の起源は、人類の誕生以前にまでさかのぼる。狩猟と採集という行為に焦点をしぼれば、これらは動物の進化上の出現とともにあらわれたものといえるだろう。狩猟は肉食に、採集は植物食に起源をもつからだ。五億年前に海中から陸上に植物が進出するにつれて、種の多様化が急速に展開する。植物だけを採食する動物や動物を捕食する肉食獣が出現してくるからである。二億年前のパンゲア大陸の分裂や六六〇〇万年前の巨大隕石の衝突による恐竜類の絶滅など自然界の大変動が何度もあったにもかかわらず、肉食と植物食という動物の習性はずっと持続している。

動物界のなかでは、肉食と植物食の習性が截然とわかれていることがおおい。それでも、少数の肉食獣のあいだで植物食もあわせおこなう事例がみられる。これを、雑食とよぶこともある。たとえば、おおくのクマは肉食をおこなう一方で、果実などをさかんに採食している。イノシシなどでは、植物食を基本としながら、機会をみて肉食もおこなっている。動物界における雑食を、狩猟採集の原形とみることが可能であろう。

霊長類のなかでは、植物食の種が圧倒的におおい。霊長類では樹上生活者が多数をしめることと、これは連動するのであろう。夜行性の原猿類のなかでは、昆虫食と植物食を併用する雑食のものがみられる。これは、動物の進化史のなかでは雑食が一定の位置をしめていることをしめしているのであろう。

大型類人猿のなかで、ゴリラとオランウータンの食生活は徹底した植物食である。ゴリラとオランウータンには狩猟活動がまったくみられないのに対し、おなじ大型類人猿の仲間であるチンパンジー、ボノボ、人類では活発な狩猟活動がおこなわれている。チンパンジー、ボノボ、人類は、狩猟活動とともに植物食を併用する。狩猟採集の習性は、おそらく七〇〇万年から八〇〇万年前とされるチンパンジー、ボノボ、人類の共通祖先の時代からみられたのであろう。

最近の研究によって、チンパンジーやボノボが植物食のほかにさかんな狩猟活動をおこなっていることがあきらかになってきた。チンパンジーの狩猟活動について詳細な観察記録が蓄積しはじめるのは、一九六〇年代からである。イギリスのジェーン・グドールや日本の伊谷純一郎をはじめとする霊長類研究者たちによって、タンザニアのサバンナに棲息するチンパンジーの集団が戦略的で共同的、効率的な狩猟をおこなうことが確認されている。(1) これらのチンパンジーによる主要な狩猟の対象は、ブルーダイカー(ウシ科の哺乳類)などの哺乳類やアカコロブスなどのサル類である。

一九九〇年代からの研究では、チンパンジーにおける肉食の比重の大きさがさらに明確になっている。ひとつのチンパンジーの集団が、アカコロブスなどの肉を一年間に半トンちかく消費しているという観察記録さえみられる。(2) 西アフリカのいくつかのチンパンジーの群れでは、狩りに道具を使用する事例が報告されている。ここでは、木の枝を槍のように使って木の幹の空に隠れた獲物をしとめている。[3]

ボノボは、中央アフリカのコンゴ川の南側だけに棲息している。このボノボも、コンゴ川の北側に棲息するチンパンジーと同様にかなり積極的な狩猟活動をおこなうことがわかってきた。ボノボとチンパンジーが共通の祖先から枝わかれしたのは、一〇〇万年から二〇〇万年前ころとされている。

チンパンジーとボノボ、人類の共通祖先が採集とともに狩猟をおこなった意味は、大きいといえるだろう。この共通祖先は、中央アフリカに棲息し、ほとんどの時間を木のうえですごしていたとかんがえられる。果実や植物の葉などを主要な食糧としていたが、サルや昆虫など手にはいる獲物はなんでも狩猟対象としていたであろう。動物食をくわえることによって、摂取カロリーの増加をはかっただけでなく、変動する環境のなかでより持続的な食糧の確保が可能になった。それとともに、将来的には直立二足歩行によって、より食物をおおく確保できる地域へ移動する可能性を手にいれたことになる。のちの人類史の展開にみるように、ここでのちの出アフリカの基盤が用意されたともいえるだろう。

南アフリカのカラハリ砂漠に居住する狩猟採集民クンの人たちなどの事例では、全体の食糧のなかで植物食のしめる割合は六〇〜八〇パーセントである。[4] 比率からいえば、植物採集の割合が圧倒的におおいといえるだろう。この植物食と動物食の割合は、多少の変動はあるにしても狩猟採集時代の人類史のなかでは大きな変動はなかったとかんがえられる。もちろん、極北や高地など植物の生育がもともと困難な地域では、この比率はかわってくる。

狩猟採集にもとづく生活には、さまざまな困難がともなう。植物や動物を含む自然の変動と、真正面からむきあわなければならないからである。狩猟採集生活をいとなむ数百万年におよぶ人類史のなかでは、何度にもわたる絶滅の危機を経験してきている。こうした絶滅の危機をのりこえながら、現生人類の誕生にまでいたるのである。猿人、原人、旧人、現生人類とたどる道は、けっして平坦でもなく、さまざまに入り組んだものであったとかんがえられる。

現生人類の誕生

現生人類は、約二〇万年前にアフリカで誕生したとされる。アフリカのなかのどの地域で誕生したかについては、まだ確定した説はみられない。現時点では、中央アフリカから南アフリカにかけての地域で現生人類が誕生したとする説が有力とされる。現在入手できている最古の現生人類の化石は、一九万五〇〇〇年前ころのエチオピアのオモ人骨といわれている。現生人類にかかわる新しい化石の発見があれば、現在の説は修正を余儀なくされるであろう。そうした修正の可能性をもちながらも、現生人類の誕生地がアフリカであるという事実はかわりないといえる。

現生人類が、どのような経緯をへて誕生したかについてもかならずしも明確に把握されているわけではないようだ。人類の進化についてのＤＮＡ分析にもとづく遺伝学的研究が展開するにつれて、その道筋がいままでいわれてきたように単純なものではないことがあきらかになってきたこともある。進化が、かならずしも猿人、原人、旧人、現生人類と明確に枝分かれしながら展開してきたと確言するのが困難になってきている。すくなくとも、直線的な道筋をたどるものではないことが判明している。

猿人、原人、旧人、新人とのあいだの類縁関係が、厳密な意味ではほとんど解明できていないという状況のようだ。進化の大きな流れのなかで、それぞれの共通祖先からおこった分岐が過去の多様な古人類につながっていったということである。当然ながら現在までに化石として確認できた古人類は、歴史的に存在したすべての古人類を網羅しているわけではない。未知の領域は、まだ広大なままのこされているといってよいだろう。

不分明な部分もあるが、現在のところ旧人に属するネアンデルタール人との共通祖先から現生人類の祖先が分岐するのが四〇～六〇万年前とされている。最近、現生人類の系統につながる三〇万年前とされる化石がモロッコ西部のジェベル・イルード遺跡から発見された[5]。この化石が現生人類の系統につながるものかどうかをめぐっては、賛否両論があって明確な結論はでていないようである。

ひとつの説によれば、ネアンデルタール人やおなじ旧人に属するデニソワ人は三〇～四〇万年前にアフリカをあとにしたといわれる。デニソワ人の指の骨と臼歯が、二〇一〇年にシベリアのデニソワ洞窟から発掘された。この指の骨と臼歯のDNA分析をおこなった遺伝学者たちは、これを四～一〇万年前の事例とかんがえている。これらの知見を背景にしてかんがえると、すくなくともユーラシアの一部の地域においては数万年にわたって現生人類とネアンデルタール人、デニソワ人が共存していた可能性がでてくる。アフリカでは、この三者の同時代的な共存はなかったということになる。

現生人類の誕生当初の人口についても、数百人から一万人までの諸説がみられる。誕生当初の人口を一万人とする説では、アフリカの狩猟採集民社会における人口密度が一平方キロメートルあたり一人というデータをひとつの根拠としている。最低でも一万平方キロメートル内に一万人の人口がのちの展開に必要だろう、という想定をしているわけである。進化遺伝学においては、進化的推進力を保持できる有効個体数を一万人としている。誕生当初の人口を数百人規模とする説では、小規模な集団が基盤になっているとかんがえている。この数字は、ひとつの推測にもとづいたものである。いずれにしても現時点においては、現生人類の誕生を細部にわたるまで詳細に把握できていないといってよいだろう。それだけ、困難な課題ともいえる。

アフリカからの移動

現生人類は、誕生後しばらくのあいだアフリカの地にとどまっていたようだ。アフリカから西アジアに現生人類が移動した時期について、さまざまな議論が展開している。最近(二〇一八年一月)、イスラエルのハイファ南方一二キロメートルのところにあるカルメル山中のミスリア洞窟から一七万七〇〇〇～一九万四〇〇〇年前の現生人類の左上顎骨発見の報告がされている。この化石は、二〇〇二年に発掘されたものである。[6] これまで、カルメル山中の別の洞窟などから九～一二万年前の現生人類の化石が発見されている。

イスラエルでの現生人類の化石の事例から、アフリカでの誕生からそれほど間をおかない時期に西アジアに姿をあらわしていた可能性がうかびあがってくる。現時点では、モロッコ西部の三〇万年前とされる化石を別とすれば、一九万五〇〇〇年前のオモ人の化石がもっとも古い現生人類の事例とされているからである。問題は、イスラエルの現生人類が継続してこの地で生存していたかどうかということになる。すくなくとも、一七万年前から一二万年前のあいだを埋める現生人類の化石の事例は現時点ではみつかっていない。

　現生人類のアフリカからユーラシアへの移動と拡散をかんがえるうえで、イスラエルの事例は重要な意味をもつといえる。現生人類のアフリカ大陸以外の地への移動と拡散が、一〇万年前より古い段階ではかなり制約をうけていたことが示唆されているからである。この段階では、東地中海地域をこえた現生人類の拡散の痕跡はみられない。西アジアのほかの地域で、ミスリア洞窟と同時代的な現生人類の化石は未発見である。

　こうした状況を前提としながら、イスラエルにおける現生人類の化石の解釈をおこなう場合、ふたつの可能性がかんがえられるであろう。ひとつは、アフリカから東地中海への移動と拡散が散発的で断続的なものであったとする解釈である。もうひとつの解釈は、このような移動を一時的で偶発的とみるものである。いずれの解釈においても、対象となっている時期でのアフリカから西アジアへの現生人類の移動と拡散が継続的におこなわれたものではないということになる。

　アフリカや西アジア以外の地域で、はやい時期の現生人類の化石の存在が報告されているのは中国である。化石が発見された場所は、広西壮《チワン》族自治区の智人洞窟と湖南省道県の福岩洞窟である。智人洞窟では下顎骨前部と二本の臼歯、福岩洞窟では四七本の歯が発見されている。これらの年代は、八〜一二万年前といわれる。[7] 中国における現生人類の資料と年代の正当性については、さまざまな議論があるようだ。福岩洞窟の歯の資料は、捕食動物の獲物となったハイエナやジャイアントパンダの骨などにまじって発見されたものである。

現時点では、ユーラシアにおける一〇万年前から二〇万年前の時代の現生人類についての資料はほとんど空白の状態といってよいだろう。西アジアから東アジアにかけて、東地中海地域の事例に接続する資料がみられない。この空白状態が、資料の未発見をしめすものか、現生人類の移動がおこなわれていなかったことを反映するものか、最終的な結論をだすことは困難である。それだけに、現段階で中国の事例をどう位置づけるかが問題となってくる。一部では、年代測定の信頼性に疑義を表明する意見もみられる。この意見にもとづけば、一〇万年前ころの東アジアへの現生人類の移動はなかったことになる。

ユーラシアへの拡散

アフリカからユーラシアへの現生人類の拡散の過程を暗示する事例が、アラビア半島から少数発見されている。サウジアラビアのネフド砂漠のアルウスタ遺跡から発見された中指の化石は現生人類のものとされ、ウラン系列年代測定法によって八万五〇〇〇~九万年前とかんがえられている(8)。このアラビア半島の事例は——評価の確定していない中国の事例を除外すれば——、東地中海以外での現生人類の存在をしめすもっとも古い資料といえるだろう。

アラビア半島や東地中海の現生人類の相互的な関係については、現時点で確定的な解釈をおこなうことは困難である。現時点における限定的な事例からいえるのは、一〇万年前またはそれ以前からすでに現生人類の出アフリカの活動がはじまっていたという事実である。しばらくのあいだ出アフリカ後の活動の領域が、東地中海からアラビア半島にかけてのかぎられた範囲にとどまっているようでもある。こうした状況について、すでにいくつかの解釈が提示されている。

ひとつの解釈は、ユーラシアにおける先住民の位置にあるネアンデルタール人の存在が現生人類の拡散を抑止する役割をはたしたとするものである。ネアンデルタール人は、数十万年前に出アフリカをとげたあと現生人類に先行してユーラシア各地に拡散して居住していたとかんがえられている。とくに、西アジアからヨーロッパにかけての地域にはネアンデルタール人の居住密度がたかかったとされる。このため、出アフリカをとげて西アジアに展開しようとした現生人類と狩猟採集の対象をめぐる競合関係がうまれたというわけである。

現生人類が西アジアに進出した時点でのネアンデルタール人との人口比率がどの程度のものであったか、正確に把握することは困難である。全体的に現生人類とネアンデルタール人をあわせた人口が同時代的にどれくらい存在したかについても、類推しうる手がかりはほとんどのこされていない。それでも、当時の西アジアにおいて狩猟採集の対象をめぐって現生人類とネアンデルタール人とのあいだに競合関係が生じるほどの人口圧が存在していた可能性はひじょうに低いとおもわれる。かりに狩猟採集の対象をめぐる競合関係があったとしても、ネアンデルタール人同士のなかでおこる率の方がたかいとかんがえられるからである。基本的には、ネアンデルタール人との競合関係が現生人類の拡散の阻害要因になる場面はすくなかったといってよいだろう。

出アフリカ後の現生人類がはやい速度でユーラシア各地への移動と拡散をおこなえなかったことへのもうひとつの解釈は、トバ火山の大噴火による深刻な影響である。スマトラ島のトバ火山の大噴火は、七万〜七万五〇〇〇年前におこった。この噴火の規模は、過去一〇万年間で最大のものとされる。トバ火山の大噴火によって大気中にまきあげられた大量の火山灰が太陽光を遮断し、急速な寒冷化がもたらされた。地球上の気温は平均五度低下し、この劇的な寒冷化状況が六〇〇〇年間にわたってつづいたといわれる。その後、寒冷化は断続的におこりヴュルム氷期に突入する。

トバ火山の大噴火が現生人類にあたえた影響は、甚大であったとされる。この影響によって、地球上の現生人類の総人口は一万人くらいまで激減したといわれる。これは、現生人類が絶滅の一歩手前までいったことを意味しているといってよいだろう。現生人類の人口激減は、ボトルネック効果を生みだし、遺伝的多様性の喪失にむすびついてゆく⑨。ボトルネック効果とは、集団遺伝学のなかで、生物集団の個体数が激減することによって遺伝的多様性の低い集団ができる現象をさす用語である。

現生人類は、トバ火山の大噴火がもたらした危機的状況をのりこえたあとユーラシア各地への移動と拡散を継続してゆく。この危機的状況をのりこえたのは、現生人類だけでなくネアンデルタール人やデニソワ人も同様であった。最近のDNA分析によって、アフリカをのぞくユーラシアの現生人類のゲノムに数パーセントのネアンデルタール人のゲノム、ニューギニアやメラネシアの現生人類のゲノムに五パーセント前後のデニソワ人のゲノムが、それぞれ混入していることがあきらかになったとされている。これは、現生人類がユーラシア各地への移動と拡散をおこなう過程で、一部においてネアンデルタール人やデニソワ人との婚姻関係があった痕跡をしめすものといわれる。こうした現生人類とネアンデルタール人、デニソワ人との婚姻関係があったとすれば、トバ火山の大噴火後におこった事象である可能性が強いとかんがえられる。

最終的に現在まで生存を継続できたのは、現生人類だけになる。三～四万年前ころには、ネアンデルタール人もデニソワ人も地球上から姿を消した。なぜネアンデルタール人やデニソワ人が絶滅の道をあゆまなければならなかったのか、明白な理由は不明である。現段階でひとつだけ明言できるのは、現生人類だけがのちに遊牧や農耕の生活様式を確立する道を選択することができたということである。ネアンデルタール人やデニソワ人には、遊牧や農耕にいたる道の萌芽さえみることはできなかったといえる。この差が、現生人類とおなじ道をたどることができない選択肢をえらばざるをえない理由となったのであろう。

現生人類の時代へ

トバ火山の大噴火がもたらした危機的状況をのりこえた現生人類は、ユーラシア各地への拡散を着実にすすめてゆく。五～六万年前から、この拡散の速度があがったようにみえる。この時期ころから、現生人類の存在をしめす痕跡の数がユーラシア各地で増加しているからだ。

ユーラシア各地への現生人類の拡散の状況について、これまでさまざまな仮説が提示されている。これらのなかでも、集団遺伝学の分野から提示された仮説に注意をはらう必要があるだろう。集団遺伝学においては、DNA分析にもとづく年代推定の手法が展開しているからである。この手法は、D

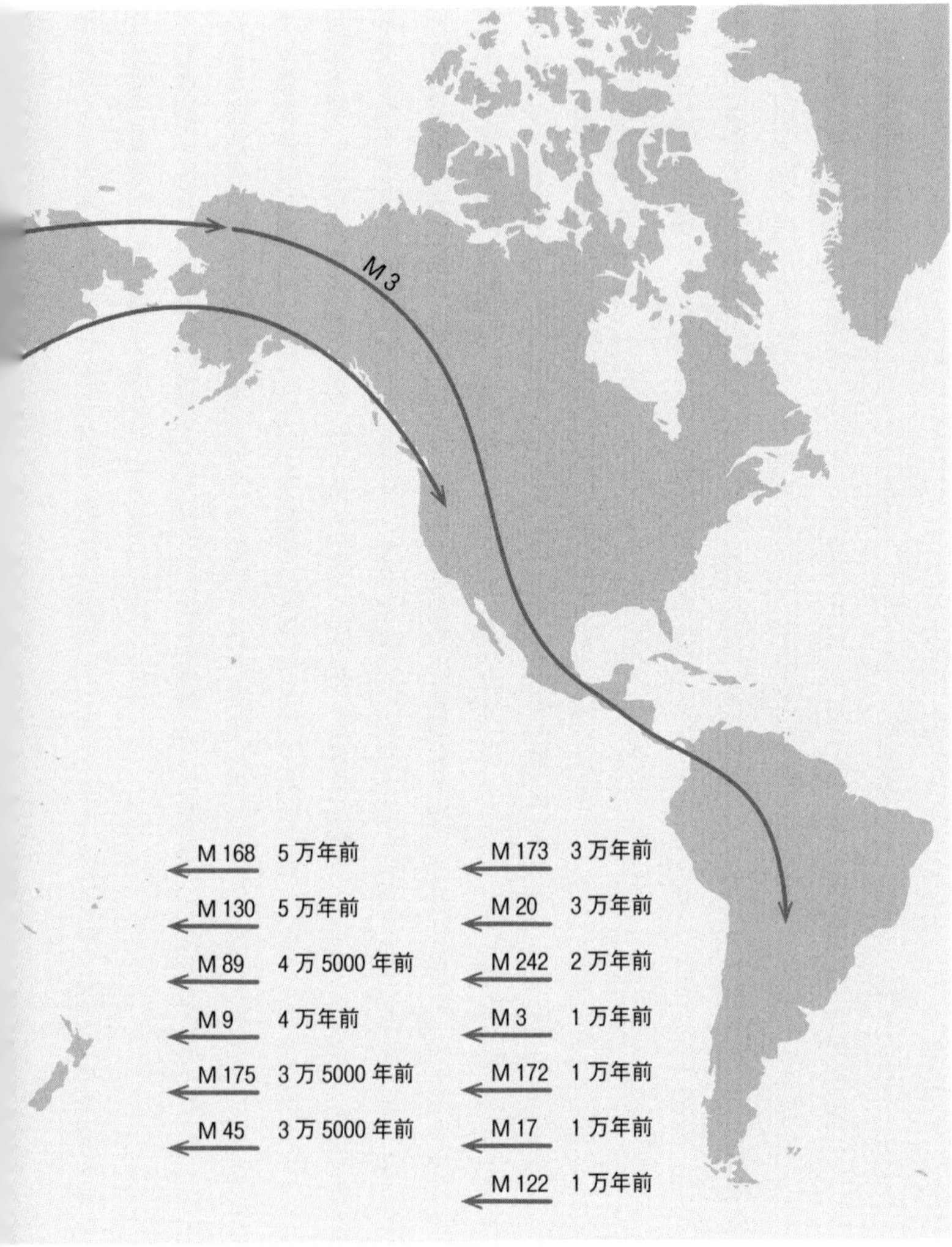
M 3
M 168 5 万年前
M 130 5 万年前
M 89 4 万 5000 年前
M 9 4 万年前
M 175 3 万 5000 年前
M 45 3 万 5000 年前
M 173 3 万年前
M 20 3 万年前
M 242 2 万年前
M 3 1 万年前
M 172 1 万年前
M 17 1 万年前
M 122 1 万年前

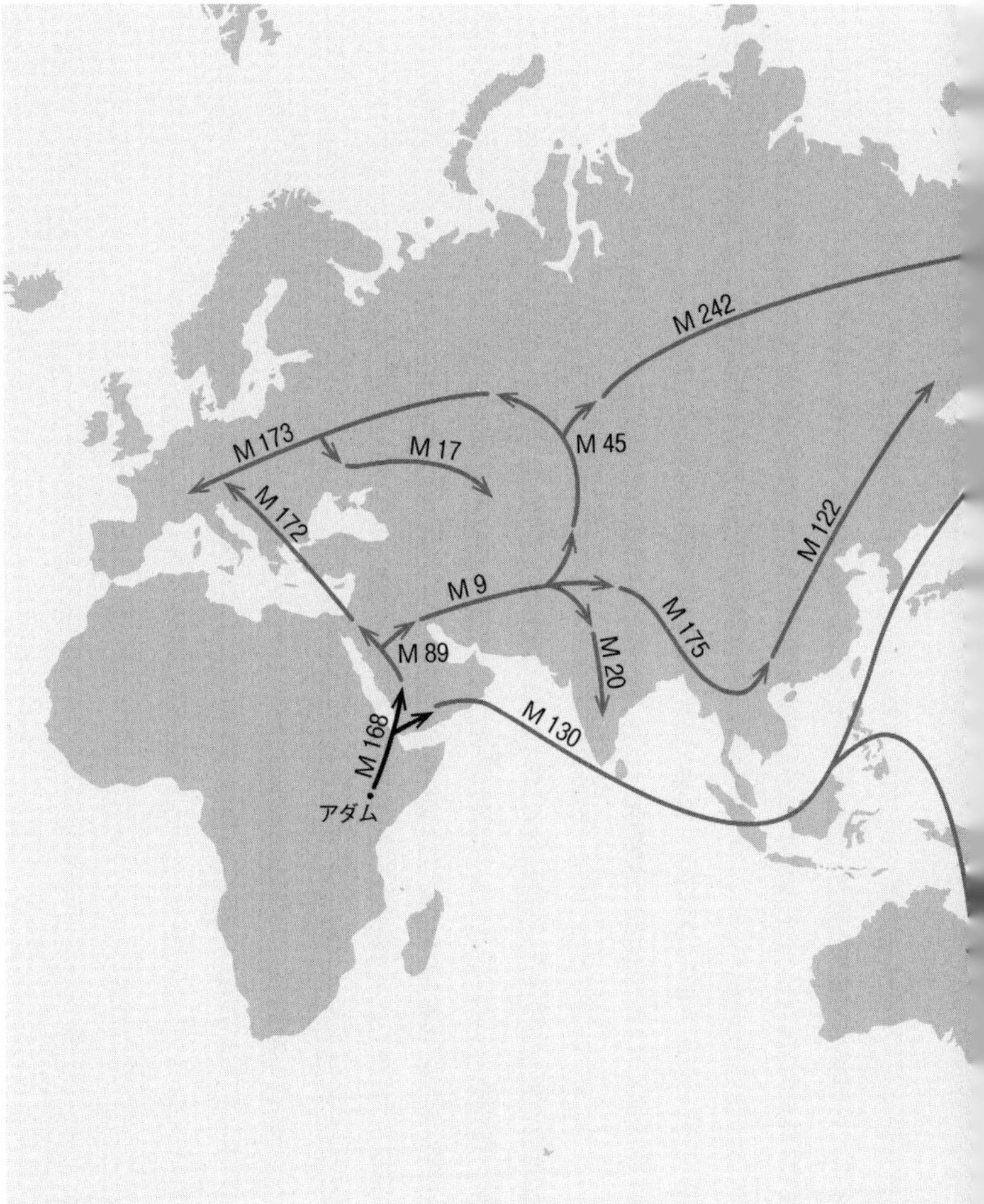

図２　世界中に広まっていったＹ染色体系統の流れ
出典：スペンサー・ウェルズ『アダムの旅』和泉裕子訳，バジリコ，2007 年，290-291 頁

NAに生じた突然変異を手がかりに分岐年代の推定をおこなう。

DNA分析にもとづく現生人類の拡散の年代推定をおこなった代表的な事例のひとつは、スペンサー・ウェルズ『アダムの旅』である。ウェルズは、男性に存在するY染色体の拡散の過程を追跡している。ウェルズ説によれば、五〜六万年前にアフリカに出現したY染色体M168がその後にユーラシア各地に拡散してゆく現生人類の祖先となったとする。M168から分岐したM130は、西アジアを経由してオーストラリアにまで達する。M130の分岐年代は、五万年前とされる[⑩]。

M168から分岐したM89が、四万五〇〇〇年前に西アジアに拡散する。四万年前にM89から分岐したM9は、西アジアから中央アジアに展開してゆく。M9からは、M20が三万年前、M175が三万五〇〇〇年前、M45が三万五〇〇〇年前に分岐した。M20はインドへ、M175は東南アジアから東アジアへ、M45はヨーロッパやシベリアへ拡散する。シベリアへ拡散したグループの一部は、アメリカ大陸まで足をのばす。このような過程をへて、現生人類は世界の各地に居住地をひろげていったわけである。

ウェルズによって提示された推定年代の正確さを、ひとつひとつ確認することは困難な作業といえるだろう。ウェルズ説を評価すべき点は、推定年代の正確さというよりは、現生人類の世界への拡散についての全体的な見とり図をしめしたというところである。

ウェルズ説のなかで、つぎの二点に注目する必要があるだろう。ひとつは五万年前にオーストラリアに到達したとされるM130、もうひとつは四万年前に中央アジアに展開したとされるM9である。現生人類のオーストラリアへの到達は、出アフリカからそれほど時間がたたない時期に達成されたようだ。この移動においては、ユーラシア大陸南部の海岸部ぞいの道をたどったとおもわれる。当時、オーストラリアはニューギニア、タスマニアなどと陸つづきのサフル大陸を構成していた。ユーラシアの東南部に位置するスンダ大陸（ボルネオ、ジャワなどの島嶼《とうしょ》部と東南アジア大陸部が陸つづきになった地域）にまで達した現生人類は、八〇〜一〇〇キロメートルの幅のあった海をこえてサフル大陸にわたっている。渡海には、筏か舟かなんらかの手段をつかったとかんがえられる。

現生人類が、海をわたって移動を継続した背景にはなにがあったのだろうか。海をはじめて渡る移動は、陸をつたっておこなう移動と決定的に異なる要素をふくんでいる。陸をつたっておこなう移動においても未知の要素は存在しているが、はじめての渡海にともなう未知の要素にくらべればその程度は大きくないといえるからだ。はじめての渡海は、すべて未知の世界にとびこむような行動である。こうした大きな不安をおしきっておこなう行動の源泉は、すべて知的好奇心にあったとしかいいようがないであろう。

この渡海がのちに子孫をのこせるだけの集団規模でおこなわれた点にも、あらためて注意をはらう必要がある。これが、一部の冒険心に富んだ若い男性だけでおこなわれた行動ではなかったということであるからだ。この渡海には、男性とともに女性や子どもたちも集団の構成員として参加していた可能性が強いとおもわれる。全体的に、狩猟採集社会や初期農耕社会、遊牧社会において女性と子どものはたす社会的役割はきわめてたかかったといえる。女性と子どもの全面的な参加がなかったら、狩猟採集社会や初期農耕社会、遊牧社会の持続的な維持は不可能であったであろう。とくに、のちの野生植物の栽培化や野生動物群との共生にいたるまでのながい過程において、女性と子どもたちが蓄積した知識と情報が絶大な役割をはたしたとかんがえられる。サフル大陸への渡海を含めた現生人類の移動のさまざまな場面において、女性と子どものはたした役割を全面的に再評価する必要があるだろう。

四万年前に西アジアから中央アジアに展開したM９に代表される現生人類の集団にとくに注意をはらう必要がある理由のひとつは、この系譜のなかからのちの野生植物の栽培化と野生動物群との共生という生活様式が生みだされてきたからである。もちろん、出アフリカをへて西アジアから中央アジアに移動した現生人類の集団が、そのままの形で連綿とその系譜を持続したと確言することは困難といえる。ながい年月のなかで、連続性をたもつ集団のなかへ外部の地域からの集団が流入することもあったかもしれない。そういう現象が、何度かくりかえされた可能性さえあるだろう。そういう事態があったとしても、野生植物の栽培化と野生動物群との共生という生活様式が現生人類のなかで確立したのは西アジアから中央アジアの地域であったという事実はかわらないといえるだろう。

野生植物の栽培化——農耕の起源——と、野生動物群との共生——遊牧の起源——が、なぜ西アジアから中央アジアにおいてはじめて展開されたのか。そのもっとも大きい理由は、最初の野生植物の栽培化の対象となる植物と最初の野生動物群との共生の対象となる動物が西アジア・中央アジア原産であったということになるだろう。現生人類の誕生したアフリカには、農耕の起源や遊牧の起源にむすびつく植物や動物が存在していなかったわけである。西アジアから中央アジアに展開することによって、現生人類ははじめて狩猟採集をこえた農耕と遊牧の生活様式を確立できたといえるだろう。新しい生活様式の確立にあたっては、西アジア・中央アジア原産の植物・動物の存在にくわえて現生人類のもつ言語運用能力の活用が不可欠であった。

言語運用能力の獲得

現生人類にそなわっている言語運用能力が、どのような経緯のなかで出現してくるかについてはまだ不明な点がおおい。言語運用を確証できる事実を入手することが、不可能にちかいからである。確言できるのは、言語運用能力の存在が現生人類の活動の幅を飛躍的にひろげた点である。言語運用能力がなければ、現生人類のたどってきた歴史は随分ちがったものになったであろう。それだけ、言語運用能力の担った機能は重要であったといえる。

言語の出現が、生物進化史のなかの一現象であることは否定できない。音声を発声して、情報発信やなんらかの情報交換をおこなう行動はおおくの動物のなかで観察される。鳥類や哺乳類のなかでは、音声を媒介にした高度な情報交換がおこなわれている。こうした高度な情報交換がどのような内容をもつかについては、現生人類が完全に理解することはできない。類推をはたらかすことができるだけである。この類推のなかでは、現生人類だけが音節や分節によって構成された言語をもつとかんがえられている。

現生人類が運用する言語について、ノーム・チョムスキーは明快な主張をしている。[11] チョムスキーは、人間の言語を生物学的な特徴をそなえた生得的なものとした。チョムスキーの著作のなかではいつの時代に言語が生得的なものになったかについては詳述されていないが、この前提には発声器官の整備や認知能力の拡張などの生物学的な基盤の用意が不可欠といえる。こうした生物学的な基盤の用意が、漸進的におこなわれるか、突然変異的におこなわれるか、議論がわかれるところである。実際の生物の進化史のなかでは、漸進と突然変異の両者が組みあわさりながら展開した場面がおおかったとおもわれる。現生人類の言語も、こうした生物の進化史をなぞりながら出現してきたものであろう。

　言語の出現を遺伝子の突然変異との関係でとらえようとする研究者のなかでは、ＦＯＸＰ２《フォックスピーツー》の機能が注目されている。ＦＯＸＰ２が注目されはじめたのは、この遺伝子と言語障害との関連が把握されてからである。一九九〇年代にイギリスの一家族（ＫＥ家）のなかで数世代にわたって、遺伝的に言語障害が発現していることが確認された。この言語障害は、統語や時制、数的表現などの領域にまでおよんでいる。最終的に、言語障害の要因としてＦＯＸＰ２の変異がつきとめられたのである。ここから、言語の起源とＦＯＸＰ２とをむすびつけてかんがえる解釈がでてきた[12]。

　遺伝子ＦＯＸＰ２は、類人猿や他の哺乳類にも存在していることがあきらかになっている。ところが二〇〇二年には、ドイツのマックス・プランク研究所のスヴァンテ・ペーボたちの研究グループが「人間のＦＯＸＰ２という遺伝子……から作られたタンパク質は、類人猿や他の哺乳類の同等のタンパク質と、ふたつのアミノ酸が異なることを発見した[13]」。ひとつの可能性として、このふたつのアミノ酸に生じた突然変異が言語運用能力の有無とどこかで関連をもつことがかんがえられる。現生人類にそなわっている言語運用能力が、類人猿や他の哺乳類にみられないからである。

　現時点においては、現生人類にそなわった遺伝子ＦＯＸＰ２が言語運用能力の発現に直結していると明快に断言できる状況ではないようだ。言語運用能力の発現には、ひとつの遺伝子の機能をこえた連動作用が不可欠とかんがえられるからである。その連動作用においてＦＯＸＰ２が要のひとつとなっている可能性はたかいといえるだろうが、ほかの要素がどのような形で関連をもつかについては、残念ながらまだ解明できていない。

一部の研究者は、言語運用を可能にするＦＯＸＰ２の出現と現生人類の誕生をほぼ同時期（約二〇万年前）とする仮説を提示している。この仮説を否定するデータが、最近でてきた。最近の研究によると、ネアンデルタール人の化石から抽出されたＦＯＸＰ２が現生人類のものとおなじだということである。そうであるとすれば、このＦＯＸＰ２は、ネアンデルタール人と現生人類との共通祖先から継承された可能性がたかいということになる。はたして、ネアンデルタール人に言語運用能力があったのかどうか。そのことについて、現時点においてはその有無を断定できるだけの根拠は提示されていない。

現生人類と共通したＦＯＸＰ２の存在を前提としてかんがえると、ネアンデルタール人に言語運用能力がそなわっていた可能性を全面的に否定することはできないであろう。かりにネアンデルタール人に言語運用能力がそなわっていたとしても、実際の言語運用の面では現生人類とのあいだである程度の差があった可能性がたかい。その差は、統語や時制などの領域でみられたのかもしれない。そうした差を想定する背景には、ネアンデルタール人と現生人類のたどった歴史の展開にちがいがあったとかんがえられるからである。とくに現生人類が生みだした農耕や遊牧が、ネアンデルタール人のなかで成立しなかったことが重要な鍵になっているとおもわれる。農耕や遊牧の成立のためには、統語や時制などの機能をそなえた言語運用が不可欠だったともいえるだろう。

実際に言語がどのような過程をへて現生人類のなかで形成されたかという問題は、永遠の謎にちかいところがある。これまで、言語が音楽から起源したとする説、霊長類の毛づくろいの延長線上に成立したとする説、噂話を共有するなかで成立したとする説など、さまざまな言語起源説が提唱されている。これらの説が、それぞれ単独で言語起源のすべてを説明しつくしているとはいえない面があるだろう。それでいながら、これらの説が言語起源のどこかにかかわっている可能性も充分にかんがえられる。

わたし自身は、言語の起源をかんがえるうえで現生人類の女性と子どものはたした役割をもっとも重視すべきだとかんがえている。女性と子どものセットのなかでも、母子関係はとくに重要な要素といえるだろう。母子関係のなかで、もっとも濃密な会話がかわされることがおおい。主として母子関係を通じて、子どもは言語を習得してゆく。それと同時に重要なことは、言語を駆使しはじめた子どもが発する独創的な表現を母親を含む女性たちが柔軟に受容する現象である。現生人類に生得的にそなわった言語機能にもとづきながら、柔軟性をもった言語運用が女性と子どものセットを基盤に確立してゆく過程がかんがえられる。これは、当然ながら共生関係にある男性や構成メンバーにも共有される。言語が一度形成されたあとは、女性と子ども、男性を含む社会のなかで複雑な相互作用がおこり、言語自体の激しい変化がはじまったとかんがえられるだろう。

言語の起源をかんがえるうえで、ニカラグア手話の形成がひとつのヒントをあたえてくれるとかんがえられる。ニカラグア手話は、中米のニカラグアの首都マナグアでながい内戦の後、一九八〇年代に設立された聾者《ろうしゃ》児童たちの職業訓練施設で形成された言語である。八三年には、四〇〇人ちかくの児童がこの施設に収容されていた。一〇代前半を主とする聾者児童たちは、この施設に収容されるまえはそれぞれ孤立した状態で生活し、手話をまなんだこともなかった。当初は身振りや手振りによる原初的な手話が形成されるが、八〇年代後半になると参加した年少者によって文法体系をそなえた手話言語が展開してくる[14]。

ニカラグア手話言語の形成の事例から、ふたつの重要な点がうかびあがってくる。ひとつは、現生人類の言語運用能力がチョムスキーの主張するように生得的なものである点である。もうひとつは、言語形成(この場合は手話言語)において年少者の参加が不可欠な点である。言語形成の途上にある年少者(子ども)は、柔軟で強力な言語運用能力を潜在的に保持しているといえるだろう。

美的観念の共有

言語運用能力の獲得とともに、現生人類の想像力の深化がはじまったとかんがえられる。想像力の深化は、抽象能力の増大と直結している。抽象能力の増大は、現生人類の行動にさまざまな影響をあたえた。それは、美的観念の発生をもたらし、のちの農耕と遊牧の起源につらなってゆく。

最近、南アフリカ南部海岸のブロンボス洞窟遺跡から注目すべき発見があいついでいる。そのひとつは、周囲と中央に線刻された交差文様をもつ赤色のオーカー片(鉄酸化物を含んだ石塊)である。約七万五〇〇〇年前の遺物とされる。長さ九センチメートルくらいの三角錐状の一面をみがいて、そこに線刻の文様を描いている。これが、なにに使用されたかは明確ではないが、装身具としての利用が推測されている⑮。

オーカー片とほぼ同時期の地層から、穿孔《せんこう》のある一センチメートルくらいの巻貝が数十個発見された。この穿孔のある巻貝は、ネックレスなどの装身具として使用されたとかんがえられている。オーカー片や穿孔のある巻貝は、あきらかにある種の美的観念の表現といってよいだろう。現在のところ、これらは現生人類の美的観念の表現として最古の事例である。

この美的観念の表現が可能になるためには、ひとつの社会の構成員たちのあいだで美的観念が共有されていることが不可欠であった。美的観念の共有という基盤がなければ、それを具象化した表現の意味がなくなるからである。美的観念の共有の基盤は、言語運用能力の機能にあることは明白であろう。言語による表現を前提にしなければ、美的観念をひとつの社会で共有することは困難になる。

ブロンボス洞窟で発見された遺物のなかには、優美な両面加工の尖頭器がふくまれている。これは、槍先として使用されたものである。この石器製作には、押圧剝離という高度な技術がつかわれている。押圧剝離は、微妙な圧力をくわえながら石器面を美しくしあげてゆく技法である。ここにも、言語運用能力が深くかかわった美的観念の表現がみられる。

四万年前ころの中央ケニアの洞窟遺跡エンカプネ・ヤ・ムトからは、直径六ミリくらいの大きさにととのえられたダチョウの卵殻のビーズ玉が大量に発見されている。ビーズ玉は、いずれも周辺を円形にととのえているだけでなく、中央にまるい穴をほどこした精巧なつくりである。これも、あきらかに美的観念の表現である。それと同時に、このビーズ玉は社会的財産の存在を示唆しているものとおもわれる⑯。ビーズ玉に象徴される美的観念の表現は、数万年にわたって途切れることなく現生人類のなかで継承されていったわけである。

現生人類の美的観念の表現をささえる基盤となった想像力は、内在的な精神活動と言語運用能力の複合体として表出している。おおくの生物には、内在的な精神活動の存在がみとめられる。とくに、動物においては活発な精神活動を観察することができる。この活発な精神活動にもとづいた創造力の機能を、動物の行動のなかに確認することも可能だ。現生人類にそなわった想像力の源泉は、生物史的にかなり古いところまでさかのぼるものであろう。現生人類の場合、この古い起源をもつ精神活動のなかの想像力に言語運用能力がかさなったといえる。

言語運用能力と複合体となった想像力の機能は、それ以前とはまったく異なるはたらきをするようになった。蓄積され継承された情報のうえに、想像力を駆使することができるようになったわけである。同時に、言語運用によって情報量そのものが飛躍的に増大し、相互的な情報の交換が効率的になっている。情報の蓄積と継承、交換のあいだに相乗作用がおこり、情報の全体量の拡大がつづいてゆく。

想像力を基盤にして、現生人類は美的観念にひきつづいて神聖性の観念や社会秩序の観念、法観念などを生みだしていった。さらに、現生人類の特徴は、こうしたさまざまな観念を生みだすだけでなく、それらにもとづいた諸制度を構築していったところにあるといえるだろう。こうした流れに並行しながら、現生人類は農耕と遊牧の生活様式を確立していったのである。

一部の研究者のなかでは、美的観念の発生などが確認できる五万年前のころを「意識のビッグバン」の時代と位置づける主張もみられる。この主張においては、現生人類における言語の発生を「意識のビッグバン」と同時期としている。美的観念の発生がビッグバン的な役割をはたしたことは妥当と評価できるが、言語の発生はもうすこし古い起源にもとづいている可能性が強いとかんがえられるだろう。

(1) J・グドール、河合雅雄訳『森の隣人――チンパンジーと私』平凡社、一九七三年、二〇七～二一二頁。太田至他編『伊谷純一郎著作集　第三巻　霊長類の社会構造と進化』平凡社、二〇〇八年、一五～一七頁。

(2) 保坂和彦「狩猟・肉食行動」西田利貞・上原重男・川中健二編『マハレのチンパンジー――《パンスロポロジー》の三七年』京都大学学術出版会、二〇〇二年、二二九～二四四頁。

(3) メアリー・ローチ「槍を使って狩りをするチンパンジー」『ナショナルジオグラフィック』二〇〇八年四月号、日経ナショナルジオグラフィック社、一～五頁。

(4) Richard B. Lee, "What Hunters Do for a Living, or, How to Make Out on Scarce Resources," *Man the Hunter* (ed. by Richard B. Lee & Irven DeVore), Aldine Publishing Company, 1968, pp. 30–48.

(5) Jean-Jacques Hublin et al., "New fossils from Jebel Irhoud, Morocco and the pan-African origin of Homo sapiens," *Nature*, 546 (7657), 2017, pp. 289–292. Daniel Richter et al., "The age of the hominin fossils from Jebel Irhoud, Morocco, and the origins of the Middle Stone Age," *Nature*, 546 (7657), 2017, pp. 293–296.

(6) Israel Hershkovitz et al., "The earliest modern humans outside Africa," *Science*, 359 (6374), 2018, pp. 456–459.

（7） Wu Liu et al., "Human remains from Zhirendong, South China, and modern human emergence in East Asia," *PNAS*, Nov. 2010, 107 (45), pp. 19201–19206.

Wu Liu et al., "The earliest unequivocally modern humans in southern China," *Nature*, 526 (7575), 2015, pp. 696–699.

（8） Huw S. Groucutt et al., "Homo sapiens in Arabia by 85,000 years ago," *Nature Ecology & Evolution*, 2, 2018, pp. 800–809.

（9） Stanley H. Ambrose, "Late Pleistocene human population bottlenecks, volcanic winter, and differentiation of modern humans," *Journal of Human Evolution*, 34 (6), 1998, pp. 623–651.

（10） スペンサー・ウェルズ、和泉裕子訳『アダムの旅――Y染色体がたどった大いなる旅路』バジリコ、二〇〇七年。

（11） ノウアム・チョムスキー「言語理論の現在の問題点」N・チョムスキー、M・ハレ著、橋本萬太郎・原田信一訳『現代言語学の基礎』大修館書店、一九七二年。

（12） Wolfgang Enard et al., "Molecular evolution of FOXP2, a gene involved in speech and language," *Nature*, 418 (6900), 2002, pp. 869–872.

（13） スヴァンテ・ペーボ、野中香方子訳『ネアンデルタール人は私たちと交配した』文藝春秋、二〇一五年、三四八頁。

（14） ダニエル・ロング、宮本一郎「ニカラグア手話と言語接触研究」『言語』三六巻九号、大修館書店、二〇〇七年九月、五六〜五九頁。

（15） Christopher S. Henshilwood et al., "Emergence of Modern Human Behavior: Middle Stone Age Engravings from South Africa," *Science*, 295 (5558), 2002, pp. 1278–1280.

（16） リチャード・G・クライン、ブレイク・エドガー、鈴木淑美訳『五万年前に人類に何が起きたか？――意識のビッグバン』新書館、二〇〇四年、一〇〜一五頁。

第3章

遊牧の骨格

ウシの口がせ．子ウシの哺乳をふせぐ．中国新疆アルタイ山脈にて．1992年6月．
松原正毅撮影，国立民族学博物館蔵

放牧の風景

遊牧の起源をあきらかにしてゆくためには、現在いとなまれている遊牧生活そのものに内包されている構造と要素をまず把握しなければならないだろう。遊牧生活が本来的にみずからの歴史記録をのこさないうえに、考古学的な痕跡もほとんどのこすことがないからである。それだからこそ、現在の遊牧生活に内包されている構造と要素に立脚しながら、その起源についての考察をすすめてゆく必要があるわけだ。

遊牧生活を構成する重要な要素のひとつは、放牧である。放牧は、年間を通じて休むことなく毎日おこなわれる行為といえる。放牧の主要な目的は、家畜群が植物の採食行為をおこなうことである。放牧の形態は、細部をとりあげれば地域的な差異を若干みとめることもできるが、原則的にはユーラシア大陸を通じてほぼ共通したものになっている。原則的な共通点は、放牧が人と家畜群の一体化した行動であるというところだ。重要なのは、基本的には放牧が人と家畜群との一体化した行動でありながら、ときに家畜群の独自な行動がみられる点である。この家畜群の独自な行動が、遊牧の起源をかんがえるうえでのひとつの鍵となっているとかんがえてよいだろう。この問題については、あとで詳述する。

実際におこなわれている放牧の全体像について、わたし自身が生活者の一員として参加したトルコ系遊牧民ユルックの事例にそってみてゆこう。一九七九年当時、わたしが生活をともにしていたムスタファ家においてはヤギ二四三頭、ヒツジ一四五頭、ウシ四三頭、ラクダ六頭、ウマ九頭、ロバ二頭、イヌ五頭の家畜群が共生関係にあった。これらの家畜群のなかで、放牧の対象になるのはヤギ、ヒツジ、ウシ、ラクダだけである。ウマは、騎乗用につかわれる以外は各営地で放し飼いの状態で自由に行動していることがおおい。

ヤギの放牧には二人(女性、一八歳、一六歳)、ヒツジの放牧には一人(男性、二三歳)、ウシの放牧には一人(女性、五六歳)、ラクダの放牧には一人(女性、一三歳)の牧夫(チョバン)が、それぞれ随伴していた。ムスタファ家の主人(男性、五〇歳)は、担当の牧夫のだれかが病気などで動けないときに代役をつとめるくらいである。遊牧民ユルックのなかでは、原則としてひとつの家族の構成員の全員がなんらかの放牧の仕事を分担している。各世帯によって家族構成に差がでてくるので、放牧の対象となる家畜や分担者の性別などは固定的なものではなく柔軟に構成される。ここで特徴的な点として指摘しておくべきことは、放牧の仕事のなかではたす女性と年少者の役割の比重が全体的に大きいところであろう。

放牧の仕事は、夜明けまえからはじまる。黒ヤギの毛で織ったテント(チャドル)の周辺にそれぞれ寝場所をかまえたヤギ、ヒツジ、ウシ、ラクダの群れが、順次放牧にでかけてゆく。放牧の仕事を分担した牧夫たちがかけ声(コーリング)をかけて家畜群を寝場所からおこして行動をはじめることがおおいが、ときには牧夫たちの介入をまたずに家畜群だけで採食場所にむかう行動もみられる。この牧夫たちの介入をまたずに家畜群が朝の活動を開始する現象は、遊牧の起源をかんがえるうえでの重要な手がかりのひとつと位置づけることができるであろう。

ヤギ、ヒツジ、ウシ、ラクダの家畜群は、それぞれ異なる採食場所を目ざして行動を継続する。採食場所の重複をできるだけ避けるためであるが、家畜群によって採食対象に差異がみられるためでもある。採食場所に到着するまでの牧夫たちの主要な役割は、家畜群の過度な散開や群れからの個体の落脱を防止することだ。採食場所に到着すると、家畜群はおもいのままに採食に専念する。家畜群がゆったりと採食に専念するあいだ、牧夫たちは木陰や平坦な場所で一休みしている。女性の牧夫のなかには、この時間に編み物や糸紡ぎの手作業をする人もみられる。家畜群が半時間から一時間前後の採食をおこなうと、牧夫たちは群れをまとめてつぎの採食場所にむかう。

採食のあいだひろく散開した家畜群を、かけ声を発したり投石をおこないながらつぎの採食場所へとむかう群れとしての流れにまとめてゆく。この採食地間の移動の流れは、牧夫たちの介入と誘導と家畜群自身の行動が共鳴しながらつくりだされてゆくものである。春営地や夏営地、秋営地、冬営地の生態的状況や当日の気象状況などによって幾分かの変化はあるが、午前中に数カ所と午後に数カ所の採食場所での放牧をおこなっている。春営地(または冬営地での末期)や夏営地、秋営地では、ヤギとヒツジ、ウシは昼と夕方の二回搾乳をおこなう。搾乳は、家畜群を午前と午後の放牧からテント地周辺の毎晩の寝場所につれかえっておこなっている。

午前と午後の放牧からテント地周辺の寝場所にかえる家畜群の足どりは、例外なく軽快である。とくに、前日の夜(または夕方)から子群と分離されていた母ヤギや母ヒツジ、母ウシたちは、まる半日後の子どもたちとの再会をまちのぞんでいたかのように足早に寝場所にむかう。寝場所での搾乳をおこなったあと、母子の再会が実現する。このとき、子どもの群れは残り乳をもらうことができる。母子の再会を目ざす群れの構成メンバーのおおくは、ほとんど牧夫たちの積極的な介入や誘導がなくても目的地である寝場所を目ざした行動をとっている。

各季節に対応した営地における放牧路の道順については、その時点での家畜群の構成メンバーの多数が熟知していることがおおい。牧夫たちの積極的な介入や誘導がなくても、群れとしての日常的な行動が充分に成立するといってもよいくらいであろう。牧夫たちの積極的な介入や誘導がどうしても必要になるのは、他の世帯の群れとの交錯やオオカミの襲撃、家畜泥棒、気候の激変による悪天候、良好な採食場所(草場)の選択などの状況のときである。家畜群の立場からいえば、放牧という行動は日常的なレベルでは家畜群だけでもそれほど不都合なくおこなえるということになるだろう。

放牧の距離は、だいたい一五キロメートル前後になる。この距離は、各季節に対応した営地の条件、採食地の状況、家畜群の構成などによって変化する。

夜間放牧の背景

通常、放牧は日中におこなわれることがおおい。遊牧民ユルックのなかでは、夜間放牧がみられる。夜間放牧は、夕方から朝方までの夜間に放牧をおこなうことである。ユルックは、夜間放牧にオリュ(またはオリュ・ギュトメ)という名称をあたえている。夜間放牧の主要な対象は、ヒツジの群れである。ときに、世帯内の人手(男性の牧夫)の確保などの条件がととのえばヤギの群れも夜間放牧をおこなう。

ヤギの群れの夜間放牧の期間は、ヒツジの群れにくらべるとみじかい。

ヒツジの群れの夜間放牧は、ふつう夏営地へあがった六月初旬ころにはじまり、秋営地滞在のおわりにあたる一〇月初旬ころまでつづけられる。ときには、夏営地への移動の途中から夜間放牧をはじめることもある。この場合は、夜間にヒツジの群れに採食させながら夏営地にむけた移動をおこなう形態をとる。

日没のすこしまえに、牧夫はヒツジの群れとともに放牧にむかう。しばらくすると、あたりは漆黒の闇につつまれる。牧夫は、手にした懐中電灯でときどきあたりを照らして道をたしかめる。数カ所の草地で採食をくりかえしながら、ゆったりと放牧をつづける。午前零時をまわると、休息中のヒツジの群れのなかで牧夫は携帯してきたユフカ(紙のように薄く焼いたパン)とチーズで夜食をとる。しばらくのあいだヒツジの群れが採食をおこなったあと、午前二時すぎに牧夫もヒツジの群れも仮眠にはいる。

牧夫は、ケペネック(フェルト製のマント)を頭からかぶりヒツジが群集するなかで眠りにつく。眠りにつくまえに、牧夫は手首につけた紐の一端をもっとも信頼する一頭のヒツジの脚にゆわえておく。この紐が、仮眠中にヒツジの群れがおきだして行動するときの目覚ましの役割をはたす①。夜間放牧中の牧夫とヒツジの群れがともに信頼しあいながら仮眠する光景は、現生人類と野生動物群との共生関係の原初的な姿をおもいおこさせるものといえるだろう。

二時間前後の仮眠をとったあと、ヒツジの群れの放牧を再開する。夜明けまでにまだ時間があるので、あたりは暗闇でおおわれている。暗闇のなかで、ヒツジの群れは採食をつづける。いくつかの採食場をめぐると、夜明けがおとずれる。このころになると、充分に採食したヒツジの群れは、牧夫の介入や誘導をまつことなく自律的にテント地周辺の寝場所を目ざして足早にかえってゆく。午前九時ころ、ヒツジの群れは寝場所につく。

夜間放牧は、牧夫にとってかなり過酷な作業といえる。通常の睡眠時間を削らなければならないうえに、懐中電灯をもってはいるが夜間の放牧路の行動には危険がともなう。暑熱の時期に睡眠時間を犠牲にすることによって、牧夫たちは激しく体力を消耗している。それにくわえて、夜間にはオオカミの群れの行動が活発化することによる危険性もある。オオカミによって、ヒツジとともにヒトも襲われる機会がふえるためである。こうした複数の危険性が存在するにもかかわらず、どうしてユルックは夜間放牧をつづけているのだろうか。

ユルックたちの説明では、夜間放牧はヒツジやヤギを肥《ふと》らせるためにたいへん効果的だという。かれらによると、昼間は暑いためヒツジやヤギの食欲がおちるので、すずしい夜間に草を食べさせるのだというのである。また、暑くて明るい昼間だとヒツジやヤギは目うつりして草を充分に食べないけれど、暗闇のなかでは眼前の草だけしかみえないのでそれをよく食べるようになるのだという説明もされる。

夜間放牧についてのこれらの説明は、充分にその根本的な理由をつたえてはいないようだ。暑気説にしても、目うつり説にしても、おなじ太尾羊《たいびよう》の品種(脂肪を蓄えた尻尾が太くなっている品種)がユルックの秋営地ちかくの村々で日中に放牧されている事実をみれば、夜間放牧の決定的な理由にならないものとおもわれる。これらの村のヒツジ群は、暑熱の日中でも採食をしているからである。さらに、ヤギの群れの場合、もっとも暑い七月から八月に夜間放牧をおこなわないで、すこし暑さのやわらいだ九月から一〇月に夜間放牧をおこなうことがおおい。ここで夜間放牧の背景について、暑気説や目うつり説とは異なる視点からの解釈をかんがえてみる必要があるだろう。

ヒツジやヤギの家畜群にみられる夜間放牧の背景について、野生有蹄類の生態学的観察の成果がひとつのヒントをあたえているとおもわれる。アカシカやマウンテン・シープなどの野生有蹄類の研究によれば、交尾期をむかえると急に夜間活動が活発になるという。とくにオスの活動がさかんで、なかには夜間に三〇キロメートルちかく移動する個体もでてくる。[2] 野生有蹄類の場合、交尾期は種によっていくらか異なるが、秋に交尾期をむかえるものがおおい。野生有蹄類のなかには、一〇〇キロメートル以上の季節的な移動をおこなう種もある。その場合、夏は山岳地帯、冬は平地という上下移動もみられる。遊牧の起源をかんがえるうえでは、野生動物の行動習性を参照することが不可欠になるだろう。

ヒツジの交尾期は、六月初旬ころから一〇月初旬ころまでつづく。本格的なヒツジの交尾期は、八月を中心とした時期になる。ヤギの場合、交尾期は九月中旬から一〇月初旬にかけてである。夜間放牧をおこなう期間が、ほぼヒツジやヤギの交尾期とかさなっているといえるだろう。この事実は、夜間放牧の起源についてひとつの示唆をあたえているとおもわれる。つまり、夜間放牧が、ある部分では交尾期をむかえた家畜群の夜間に活発な活動をおこなう習性にあわせて成立した可能性がかんがえられる。この習性は、ヒツジやヤギの野生状態のときからみられたもので、家畜化されたあとも継続していると解釈できるわけである。

こうした解釈を前提にすれば、牧夫がヒツジやヤギの群れの夜間放牧に随伴する背景を容易に理解することができるであろう。随伴する牧夫のもっとも重要な役目は、交尾期をむかえて夜間の活動が活発化するヒツジやヤギの群れの分裂を最小限にとどめることであったとおもわれる。牧夫によって群れの分裂をとめることができないまでも、分裂後の群れの状態を掌握する役割があった可能性もあったであろう。夜間放牧は、ヒツジやヤギの群れと現生人類との共生関係のなかで生じたひとつの現象といえる。夜間放牧に随伴する行動のなかで、牧夫たちは夜間放牧がヒツジやヤギを肥えさせる効果をもたらすことを認識していったとかんがえられる。のちに、このヒツジやヤギを肥えさせる効果が夜間放牧の理由とされるようになったのだ。

夜間放牧の慣習は、遊牧民ユルックだけにみられるわけではない。この慣習は、中央アジアからヨーロッパ東部までひろく観察される。アフガニスタンのパシュトゥン人やウズベク人、アラブ人、イランのアゼルバイジャン人、ギリシアのサラカトサニなどの社会で、夜間放牧の事例が報告されている。これらの事例では、夜間放牧の対象はヒツジだけである。夜間放牧の期間は、夏から秋にかけてかその間の一時期となっている。これらの事例から、夜間放牧がユーラシア中央部の広い範囲で継続されていることがわかるであろう。ここからも、夜間放牧の起源の根が深いことが推測できる。

放牧時のかけ声(コーリング)

コーリング(かけ声)は、放牧の技術として重要である。遊牧民ユルックのなかでは、コーリングがヒトと家畜群をつなぐコミュニケーション手段とかんがえられているからである。放牧の場におけるかけ声は、家畜群の行動の節目と行動の持続を必要とする時点で発せられる。行動の節目は、家畜群全体の静から動、動から静へのうつりかわりにあたることがおおい。行動の持続は、家畜群全体のうごきの状態をたもつことを意図している。

遊牧民ユルックのなかでは、ヤギの群れに対するかけ声の種類がもっともおおくて多様になっている。休息中や休眠中のヤギの群れをたちあがらせて行動にうつらせるときには、「シー、チュチ」とかけ声をかける。大部分のヤギの群れがおきあがって歩きはじめたのに一部がのこっているときは、「チュチ、チュチ」とかけ声をかけて追いたてる。休息中のヒツジの群れをおこすときは、「シー」という強い歯擦音のかけ声をつかう。

ヤギの群れがまとまってうごきはじめると、「ヘイ、ヘイ」とゆっくりとした穏やかな調子のかけ声をかけながら追ってゆく。「ヘイ、ヘイ」というかけ声は、ヤギの群れが放牧地での採食をはじめるときまで、ゆったりと間をおきながら持続的に発せられる。このかけ声は、ヤギの群れがゆっくりとあるきつづけることをうながすものといえるだろう。ヒツジの群れの場合、このかけ声のかわりに口笛をつかう。牧夫は、「ピー、ピー」とゆっくりとながく尻さがりの調子で口笛をふきながらヒツジの群れを追う。ときに、ヤギの群れでも「すすめ」の合図として「ピー、ピー」という口笛をつかうことがある。

ヤギの群れが樹間にはいりこんだときは、「アフ、アフ」または「アー、アー」とできるだけ大声でかけ声をかける。これは、「はやくゆけ、はやくすすめ」という意味をこめたかけ声である。それでも、ヤギの群れが樹間からでないときは、「プー、プー」という強い調子のかけ声を発する。このかけ声は、両頬をふくらませて一気に空気をおしだすようにして発声する。「プー、プー」というかけ声は、樹間から群れを追いだすとき以外に、授乳期の子ヤギの群れを追いあつめるのにも使用される。

ヤギの群れが目的の放牧地に到着して、一部の集団が採食をはじめているのに一部の集団がさらにまえにすすもうとするときは、「アイ、アイ」とかけ声をかける。このかけ声は、「とまれ、ひきかえせ」という合図である。採食を継続させようとするときも、ヤギの群れがうごきそうな気配をみせた時点で、「アイ、アイ」というかけ声をつかう。また、移動中にヤギの群れのなかの間隔があきすぎたとき、先頭の集団をとどめて群れをまとめるためにも「アイ、アイ」とかけ声をかける。

ヤギの群れは、採食しているあいだにおもいおもいの方向によく分散する。そのような場合、とおくにいった一部の集団をよびかえすために、「ユクチャ」と大声でさけぶ。これは、「かえれ」という意味の合図である。もちろんとおくといっても牧夫の視界内にあり、充分に声のとどく範囲内にかぎられる。とおくにいった集団のなかにテケ(種オスのヤギ)がふくまれているときは、「テケ、テケ」とさけんでよびかえす。また、個々のヤギの個体名をよぶこともある。牧夫から二〇〇メートルくらいはなれたところでさかんに鳴声をあげているヤギにむかって、「へ、へイ」または「エーイ」とかけ声をかえしてやる。このかけ声も、「こちらへこい」という合図になる。

ウシやラクダの場合も、とおくにいる個体をこちらによびかえすかけ声がある。ウシには、「クル、クル」とかけ声をかける。とおくにいるラクダをよぶときには、「ホエ、ヒンヒン、ホエ」とかけ声をかける。夕方になって鳴声をあげながらテント周辺の寝場所にむかってくるウシには、ヒトは「エーイ」とこたえかえす。

ヤギの群れに砕いた岩塩をあたえるとき、「ガ、ガ、ガ」というかけ声か「ピー」という口笛をつかってよびよせる。砕いた岩塩は、ヤギの群れをよびよせるまえにあらかじめ岩場のうえにまいておく。夏から秋にかけての暑熱の季節には、一週間から一〇日に一回くらいの頻度で岩塩をあたえている。

ここでみてきた遊牧民ユルックのなかでつかわれる家畜群に対するかけ声は、基本的にヒトと家畜とが共有する文化的要素のひとつといえるだろう。異なる文化のなかのかけ声の体系を家畜群のなかにもちこんでみても、当該の家畜群はヒト側が期待する反応をしめすことはないとおもわれる。家畜群は、ヒトが発するかけ声の意味を学習することを通じて体得しているわけである。この学習は、家畜群のなかのかけ声の意味を習得した個体(または集団)を媒介として継承されてゆく。その意味では、放牧時のかけ声の体系は、ひとつの遊牧社会の文化的固有性を体現している可能性が強いといえるだろう。

放牧時のかけ声の体系は、ヒト側の家畜群に対する認識とともに、家畜群側のヒトに対する認識の存在を全体的に反映したものといえるかもしれない。ここから、ヒトと家畜群、それをさかのぼる現生人類と野生動物群とのながい共生関係の歴史がうかびあがってくると解釈できる可能性があるだろう。

家畜群の認識体系――ヤギの名称体系

遊牧民ユルックのなかでは、家畜群に対する精緻な認識体系が存在している。この精緻な認識体系の存在そのものが、ヒトと家畜群との共生関係のながい歴史をものがたるものといえるだろう。遊牧民ユルックのあいだでは、ほとんど例外なく数百頭にのぼる家畜群が個体レベルで精密に認識されている。この認識の対象は、ひとつの時点で存在する家畜群をこえて数世代前の個体にまでおよぶ。家畜群をめぐる精緻な認識体系は、三層のレベルからなっている。

第一レベルの認識体系は、家畜の性差と成熟度を識別表徴とする名称体系に対応している。この認識体系においては、家畜の成長についての認識が基盤となる。第一レベルの認識体系では、年齢原理を組みあわせてつかうこともおおい。第二レベルの認識体系は、記述的な名称体系にもとづくものである。記述的な名称体系は、特徴的な耳の形や体毛の色などの組みあわせに基盤をおいて構成されている。第三レベルの認識体系は、個体名と系譜関係にもとづくものである。遊牧民ユルックの社会では、いくつかの原理によって付与された個体名がすべての家畜群にみられる。

第一レベルの認識体系は、ヤギ、ヒツジ、ウシ、ウマ、ラクダの五畜すべてにみられる。トルコ語で、五畜はマルとよばれる。遊牧民ユルック社会においては、五畜のほかにイヌやロバ、ニワトリなどが生活をともにしていることがおおいが、これらの動物はマルの概念のなかにふくまれることはない。五畜の総称としてのマルという単語は、モンゴル語でもおなじ意味でつかわれる。

遊牧民ユルック社会では、ヤギの総称はダワルである。トルコ共和国内の方言によっては、ダワル

ヤギ(ダワル)	ヒツジ(コユン)	ウシ(スウル)
♂キョルペ♀ オーラク チェビチ オベッチ　ヤズムシュ テケ　ケチ 去勢エルケチ	♂エムリク♀ クズ トクル　シシェク コチ　コユン 去勢エネック・コユン	♂ブザウ♀ ダナ トスン　デュエ ボア　イネック 去勢オキュズ

ラクダ(デベ)		ウマ(ハイワン)
ヨズ・デベ	トゥリュ・デベ	
♂ヨズ・キョシェク♀ ドルム キリンジ　カヤルク ロク　カンジク・デベ 去勢イーディシ	♂トゥリュ・キョシェク♀ ダイラク ベセレク　マヤ 去勢ハドゥム	♂クルン♀ タイ ジェレプ ダイラク　ギュレ アト　クスラク 去勢アイグル

図3　家畜名称の体系
出典：松原正毅『遊牧の世界』67頁

をヤギとヒツジをあわせた総称としてもちいたり、ヒツジの総称の意味につかったりする事例がみられる。ヤギの総称としてのダワルには、性差をこえた子ヤギから親ヤギまですべてが含まれる。

ヤギの出産は、二月から三月のあいだに集中する。生まれてから母乳だけで生命を維持している子ヤギは、キョルペとよばれる。生育に個体差が若干みられるが、生後二週間から二〇日間の子ヤギがキョルペである。キョルペには、「生まれてまもない」という意味がこめられている。そこから、一部のトルコ語方言ではキョルペは「若い、新鮮な」という意味にもつかわれる。

子ヤギが母乳からだけでなく草からも栄養をとりはじめると、オーラクとよばれる。キョルペが、オーラクに成長したわけである。オーラクになると、活発にはしりまわれるようになる。オーラクが完全に乳ばなれすると、チェビチとよばれる。この時期は、ほぼ九月末から一〇月はじめになる。

これは、ヤギの群れの交尾期のはじまりの時期とかさなっている。キョルペ、オーラク、チェビチの名称には、オス・メスの性差をあらわす区別の意味はふくまれていない。性差の区別を明示する名称があらわれるのは、つぎの成長段階からになる。

チェビチになってから約一年後にあたるつぎの年の交尾期をむかえると、オスはオベッチ、メスはヤズムシュとよばれるようになる。オベッチもヤズムシュも、一定の性的成熟度を獲得したわけである。ヤズムシュになれば、妊娠可能な状態になる。ヤズムシュが妊娠したあと年をこして冬営地で出産し、その年の秋の交尾期をこえるとケチとなる。出産の経験の有無によって、ヤズムシュとケチがわけられている。メスヤギがヤズムシュからケチになる時期にほぼ対応して、オスヤギはオベッチからテケに名称がかわる。テケは、種オスとしての役割をはたす能力をもつ。その意味では、テケは性的成熟のひとつの到達点をしめす名称となる。

数年にわたって何度も子どもを産んだケチは、ときにアナ・ケチ(母のケチ)またはアナチとよばれる。ケチは、能力としては一〇歳前後まで子どもを産むことができる。おおくの場合、その年齢に達するまえにケチは群れから排除して処分される。これは、群れのなかでの出産能力の衰えを回避するためである。

テケは、三回から四回の種つけ時期がすぎると群れから排除される。排除の理由は、種としての質が低下するからというものである。一般的に、テケを六歳以上まで群れにとどめることは稀だ。遊牧民ユルックの事例では、ひとつの群れのなかのテケの数は五、六頭である。このテケの頭数に対して、ケチの数は一五〇頭前後になる。群れのなかのテケ(オス)とケチ(メス)の比率が、極端にアンバランスになっているわけである。このアンバランスな比率には、ヤギの群れの構成におけるヒト側の管理意識が如実に反映されているといえるだろう。

オスの子ヤギのなかで、チェビチからオベッチになる直前に去勢されたものをエルケチとよぶ。オスの子ヤギのほとんどは、去勢されることがおおい。群れのなかのごく少数のオベッチを、種オス(テケ)としてのこすだけである。大部分のエルケチは、肉用として売却される。去勢は、ヤギの群れの分裂をふせぎ、ヒト側の群れ管理をしやすくする目的でおこなわれている。去勢後一年間はタゼ・エルケチ(新鮮なエルケチ)、それをすぎるとカルト・エルケチ(年とったエルケチ)とよばれる。ヤギの群れにのこされたエルケチには、ヒト側の群れ管理の手助けの役割が期待されることがある。遊牧民ユルックのなかでは、一部のエルケチが牧夫の命令や意図をよく理解するという評価もみられる。

ヤギの名称体系を構成している要素は、性差と成熟度のふたつに集約できるといえるだろう。一定の性的成熟にいたると、オス・メス別の名称が用意され、オベッチとヤズムシュとよばれるようになる。オベッチとヤズムシュのまえは性差の区別はないが、乳と草をめぐる成熟度に応じてキョルペ、オーラク、チェビチの三段階にわけられている。ヤギの年齢は、誕生日を起点とする実年齢の原理にもとづいて構成されているのではない。その年齢は秋の交尾期を起点に勘定され、チェビチになると一歳、それ以後一年ごとに加算されてゆくシステムになっている。

ヒツジ・ウシ・ラクダ・ウマの名称体系

ヒツジの総称は、コユンである。生まれて間がなく母乳だけで育っている子ヒツジは、エムリクとよばれる。エムリクは、「哺乳するもの」という意味である。エムリクは、子ヤギのキョルペにあたる。

エムリクが母乳だけでなく草を食べはじめると、クズとよばれるようになる。子ヒツジのなかでは、子ヤギでみられるオーラクとチェビチにあたる名称はみられない。乳ばなれをする段階の子ヒツジも、クズとよばれている。エムリクとクズのあいだは、性差をあらわす名称はない。

一定の性的成熟度に達すると、性差を反映した名称でよばれる。オスヒツジはトクル、メスヒツジはシシェクとなる。トクルになる直前に、オスヒツジの大部分は去勢される。去勢されたオスヒツジは、エネック・コユン(エネックは去勢の意味)とよばれる。エネック・コユンのほとんどは、売却などを通じてヒツジの群れから排除される。

メスヒツジが出産を経験すると、コユンとよばれるようになる。コユンは、ヒツジの総称の意味にもつかわれている。この点は、総称をダワル、経産のメスをケチとよびわけるヤギの名称体系とは異なっている。コユンに対応する性的成熟をとげたオスヒツジを、コチとよぶ。コチは、種オスの意味をもつ。ヒツジの群れのなかにのこされるコチは、ごく少数になる。遊牧民ユルック社会のなかでは、コチ(種オス)四頭に対してメスヒツジ一〇〇頭が平均的な群れ構成となっている。

ウシの総称は、スウルという。生まれて母乳で育つあいだは、ブザウとよばれる。離乳して草だけを食べるようになると、ダナという名称になる。ブザウとダナの段階では、性差を区別する名称はつかわれない。

メスウシが妊娠能力をもつようになると、デュエになる。デュエに対応するオスウシは、トスンとよばれる。出産を経験すると、メスウシはイネックの名称になる。イネックに対応するオスウシは、ボアとよばれる。ボアは、種オスの意味にもつかわれる。遊牧民ユルック社会では、ボア(種オス)をウシの群れのなかに保有する世帯はすくない。全世帯において、ボアを保有しているわけではないのである。種つけの必要が生じたときは、優秀なボアを借りることがおおい。トスンになるまえに去勢されたオスウシは、オキュズとよぶ。オキュズは荷車牽きや畑の耕作にもっぱらつかわれるが、遊牧民ユルック社会ではこの必要がないので、ウシの群れのなかにオキュズの姿をみることはきわめて稀である。

ラクダの総称は、デべである。ヒトコブラクダを、ヨズ・デべとよんでいる。ヒトコブラクダとフタコブラクダの混血は、トゥリュ・デべとよばれる。遊牧民ユルック社会では、純粋なフタコブラクダを保有することはすくない。一九七〇年代末当時、フタコブラクダの種オスであるブフルがみられるのは、中央アナトリアのクルシェヒルなど少数の地域にかぎられていた。

母乳で育っているヨズ・デべの子どもは、ヨズ・キョシェクとよばれる。子ラクダが乳ばなれをすると、ドルムとなる。ドルムは、ほぼ一~三歳の期間の名称である。ヨズ・キョシェク、ドルムのあいだは、性差を区別する名称はない。

性的成熟期をむかえると、ヒトコブラクダのオスはキリンジ、メスはカヤルクとなる。さらに成熟度をますと、オスはロク、メスはカンジク・デベとよばれる。カンジクは、メスという意味である。ドルムまたはキリンジの時期に去勢したオスのヒトコブラクダは、イーディシとよぶ。イーディシは、気性が穏やかといわれている。

母乳で育っているトゥリユ・デベの子どもは、トゥリユ・キョシェクとよばれる。子ラクダが乳ばなれをすると、ダイラクである。ヨズ・デベの場合と同様に、トゥリユ・キョシェク、ダイラクの時期には性差を区別する名称はみられない。

性的成熟期をむかえると、トゥリユ・デベのオスはベセレク、メスはマヤとよばれる。そのあとの時期も、ヨズ・デベとはちがっておなじ名称(ベセレク、マヤ)がつかわれる。ダイラクの時期に去勢したオスのトゥリユ・デベは、ハドゥムとなる。ハドゥムは、力が強いうえにおとなしい性格とされている。移動時の荷物はこびに、ハドゥムは重宝される。

ウマの総称は、ハイワンである。共和国トルコ語では、ハイワンは動物の意味につかわれている。母乳で育っている子ウマはクルン、乳ばなれをするとタイという名称になる。タイは、ほぼ一〜二歳の年齢にあたる。乗用の調教をはじめるころになると、ジェレプとよばれる。ジェレプは、ほぼ三〜四歳の年齢である。クルン、タイ、ジェレプの時期には、性差を区別する名称はつかわれない。

一定の性的成熟期になると、オスウマはダイラク、メスウマはギュレとよばれるようになる。さらに成熟をとげると、オスウマはアト、メスウマはクスラクになる。アトは、種オスの意味にもつかわれる。遊牧民ユルック社会では、一世帯あたりのウマの飼育頭数がすくないためもあって種オス自体の数がすくない。少数の世帯で、一頭の種オスの保有がみられるくらいである。ジェレプの時期に去勢したオスウマは、アイグルとよばれる。アイグルは、乗用としてよくもちいられる。

ヤギ・ヒツジ・ウシ・ラクダ・ウマの五畜の名称体系は、ヒト側の家畜認識を如実に反映したものである。これらの名称体系のなかに、共通した要素がいくつかみられる。そのひとつは、さきにも指摘したように性差と成熟度を重視した認識体系になっていることである。それだけ、遊牧社会のなかでそれぞれの家畜群の成長過程の節目が注意深く把握されているわけである。もうひとつの要素は、乳をめぐる節目に格別な注意がはらわれていることである。母乳だけで育つ時期と草を食べはじめる時期、乳ばなれの時期に対応して、それぞれ独自の名称が付与されている。これは、乳の利用によって遊牧生活の確立が可能になった歴史をよく表象しているものといえるだろう。

家畜認識を反映した共通の要素のもうひとつは、五畜のすべてに去勢にともなう名称がみられることである。去勢ヤギのエルケチ、去勢ヒツジのエネック・コユン、去勢ウシのオキュズ、去勢ヨズ・デベ(ヒトコブラクダ)のイーディシ、去勢トゥリュ・デベのハドゥム、去勢ウマのアイグルは、いずれも子どもから青年にうつる時期に誕生する名称といえる。ここには、去勢によってそれぞれの家畜群からオスの大部分を排除して群れの分裂や混乱を回避する技術の歴史が明瞭に反映されているとかんがえられる。去勢も、乳利用とならんで遊牧生活を確立するうえで重要な技術であったわけである。五畜の名称体系には、遊牧の起源をかんがえるうえで不可欠な要素が包含されているといえるだろう。

五畜の群れはどの種類であっても、シュリュとよばれる。五畜の種類にかかわらず、群れという概念は同一なわけである。厳密に表現する場合は、二〇〇頭以下の群れをビリック、二〇〇頭以上五〇〇頭までの群れをシュリュと区別することもある。シュリュは、もともと一〇〇〇頭前後の大群を意

図4　ヤギの耳の形の3類型
出典：松原正毅『遊牧の世界』251頁

味したという説明もみられる。日常的な家畜群の認識が、一〇〇〇頭前後の規模をこえていないことを反映するものであろう。

ヤギの識別体系——耳の形と体毛の色

名称体系につぐ家畜認識の第二のレベルは、家畜の体の特徴や体毛の色などにもとづく識別体系である。遊牧民ユルック社会では、ヤギの識別体系がもっとも精細な構成になっている。

ユルックたちは、まずヤギの耳の形を類別する。ヤギの耳の形は、大別して三つの類型にわけられる。第一の類型は、ヤブルとよぶ。ヤブルは、幅がひろくてながくだらりと垂れた耳である。第二の類型は、ドーウとよばれる。ドーウは、まっすぐ横に筒状にながくのびた耳である。第三の類型は、チョマクとよぶ。チョマクは、横にみじかくつきだした耳である。

これら三つの基本類型のほかに、第一と第二のあいだの中間形がふたつみられる。ひとつ目は、ケルペンとよばれる。ケルペンは、横へながくつきだしたやや幅びろの耳である。もうひとつは、ドーウ・ケルペンになる。ドーウ・ケルペンは、ドーウ型によりちかいケルペンをさしている。ケルペン、ドーウ・ケルペンの中間形の出現頻度は、たいへんすくない。

ヤギの識別には、耳の形をあらわす名称を基本的な手がかりとしてもちいる。一頭のヤギを特定するときには、耳の形の名称と体毛の色や体の部分的特徴をあらわす名称とを組みあわせてよぶ。原則として二名法で、体毛の色、耳の形の順になっている。たとえば、体毛が白で幅がひろくて垂れた耳をしたヤギならば、アク・ヤブルとよぶ。アクが、白色という意味である。白色の体毛で横にながくつきだした耳をもつヤギは、アク・ドーウという。アク・チョマクは、白色の体毛で横にみじかくつきだした耳をもつヤギである。アク・ヤブル、アク・ドーウ、アク・チョマクという語をきけば、遊牧民ユルックたちは具体的なヤギの像を頭のなかに描くことができるわけである。

ヤギの体毛の色の概念には、三つのジャンルがふくまれている。ひとつ目は、単色である。単色というのは、ヤギの体全体が一色で覆われたものだ。ふたつ目は、多色である。多色とよぶのは、ヤギの体が二色以上の体毛でいろどられているものだ。三つ目は、部分色である。部分色というのは、ヤギの体の耳や頰、頭などの部分的なところに特徴的な色をもつものだ。

単色をあらわす語彙は、六つである。それは、アク(白)、カラ(黒)、ギョク(青)、ボズ(灰)、サル(黄)、モル(紫)からなっている。アクは白色、カラは黒色のヤギの体毛の色をさす。ギョクは青色であるが、実際には青灰色にちかい体毛の色をさしている。ボズは、灰色の体毛の色をさす。サルは黄色であるが、実際には茶色の体毛の色をさしている。モルは紫色であるが、実際には赤味がかったあかるい茶色の体毛の色をさしている。

多色をあらわす語彙は、アラ、クラ、チャパルの三つである。アラは、白黒のまだら文様や斑点のある体毛の色だが、文様や斑点の単位が大きくなっている。ヤギの体の半分がそれぞれ白色と黒色の体毛で覆われている場合も、アラとよばれる。この場合、体の前半分が白色、後半分が黒色とその逆の事例とがある。クラは、ヤギの体の中央部が白色の体毛で覆われ、前脚部から頭部と後脚部が黒色の体毛で覆われている事例をさす語彙である。チャパルは、斑点の単位が小さいまだら文様の体毛で覆われたものだ。アラ、クラ、チャパルとも、文様の状態に着目した語彙といえるだろう。

部分色をさす語彙には、クル、ゲリ、ヤナル、サカル、ユルドゥズ・サカル、クラルがある。クルは、ヤギの耳の色が白色の毛などがまじって霜降り状になっているものである。ゲリは、ヤギの耳の縁が濃い色になっていて縁どりをしたようにみえるものだ。ヤナルは、ヤギの両頬の部分が茶色になっているものである。サカルは、ヤギの頭のうえだけが白毛で覆われているものだ。ユルドゥズ・サカルは、サカルの一種で、小さい星形の白い文様が頭上にあるものである。ユルドゥズは、星の意味だ。クラルは、ヤギの背中のうえの部分に白い毛が一直線にはしっているものである。このほかに、ヤギの頭部だけが黒色のものをカラ・バシュとよぶ。カラ・バシュは、文字どおり黒い頭の意味である。

耳の形や体毛の色などを注視した識別名称のほかに、ヤギの体の部分的な特徴をさす語彙もある。そうした語彙のなかでもっとも頻繁につかわれるのが、カバクである。カバクは、角なしの状態をさす語彙である。このほかに、体全体が小柄なヤギをトパクとよんでいる。

ヤギの形状の記述

ヤギの形状の記述は、耳の形をしめす名称と体毛の色や体の特徴をあらわす語彙を組みあわせておこなう。さきにものべたように、原則として二名法となっている。ヤギにふたつ以上の特徴があるときは、それらをつらねた三名法や四名法がつかわれる。

三名法の実例は、つぎのとおりである。

アク・ヤナル・ヤブル　頰の部分が茶色で、幅びろの耳がだらりと垂れた白ヤギ
ボズ・ヤナル・チョマク　頰の部分が茶色で、横にみじかくつきでた耳をもつ灰色のヤギ
クル・カバク・ドーウ　角なしで、霜ふり状の色の耳が横にながくつきでた黒ヤギ
クル・サカル・ヤブル　頭上が白く、霜ふり状の幅びろの耳がだらりと垂れた黒ヤギ
クル・ヤナル・ヤブル　頰の部分が茶色で、霜ふり状の幅びろの耳がだらりと垂れた黒ヤギ
サカル・カバク・ヤブル　角なしで頭上が白く、幅びろの耳がだらりと垂れた黒ヤギ
ヤナル・サカル・ヤブル　頰の部分が茶色で頭上が白く、幅びろの耳がだらりと垂れた黒ヤギ
ヤナル・カバク・ドーウ　角なしで頰の部分が茶色で、横にながくつきでた耳をもつ黒ヤギ

これらの例から、三名法にはいくつかの原則のあることがわかるであろう。三名法の場合、単色のなかでカラ(黒)は原則として省略される。ひとつのヤギの群れのなかで、八〇〜九〇パーセントを黒

ヤギがしめる状態であることが反映されているわけである。つぎに、三名法のなかでは、単色の色名としてアク(白)、ボズ(灰)、ギョク(青)の三つだけが登場する。サル(黄)、モル(紫)は、三名法ではつかわれない。これには、サル(黄)、モル(紫)の体毛の色はヤギの群れのなかでは特徴的なので、二名法だけで個体の特定が可能だという背景があるだろう。遊牧民ユルックのヤギの群れにおいて、サルとモルの体毛の色の個体はひじょうにすくない。

三名法のなかでふたつの特徴をつらねる場合にも、原則がみられる。まず単色と部分色の色名をかさねてつかうときは、「色名＋頰の色(ヤナル)＋耳の形」の構成になる。単色の色名(アク、ボズ、ギョク)が、部分色(クル、ゲリ、ヤナル、サカル、ユルドゥズ・サカルなど)に先行して使用されているわけである。部分色と体の部分的な特徴をならべる場合は、「部分色(クル、ヤナル、サカル)＋体の部分的な特徴(カバク)＋耳の形」の構成をとる。ここでは、部分色が体の部分的な特徴に先行する。部分色がふたつかさなるときは、「耳の色(クル)＋頭部の色(サカル)＋耳の形」、「耳の色(クル)＋頰の色(ヤナル)＋耳の形」、「頰の色(ヤナル)＋頭部の色(サカル)＋耳の形」などの構成になる。

ここからあきらかになるのは、部分色をならべて使用する場合は、「耳の色(クル)」、「頰の色(ヤナル)」、「頭部の色(サカル)」の順に序列をなしていることである。これは、部分色の注目の順序が耳、頰、頭となっているのを反映しているともいえるだろう。部分色の表現の順序は、四名法の事例のなかでより明確になる。たとえば、一例としてクル・ヤナル・サカル・ヤブルをあげることができる。これは、「頰の部分が茶色で頭部が白く、霜ふり状になった幅びろの耳がだらりと垂れた黒ヤギ」を記述した事例である。全体的には、四名法の使用例はごくすくない。なお、部分色のなかでクラルは、三名法のなかでつかわれることはない。クラルは、二名法にかぎってつかわれる。

単色、多色、部分色以外のヤギの特徴にふれる必要がある場合には、耳の形の名称のあとにその特徴をあらわす語彙をつけくわえる。耳の形の名称のあとにつく語彙は、ヤギの体の特定の部位にかかわる色や特徴を意味するものである。これらの語彙は、多色や部分色であつかった部位とは異なったところを対象としている。この領域にふくまれる代表的な語彙の事例としては、ボリュル、セキル、ブクシュ、ディクメン、キュペリなどをあげることができる。

ボリュルは、ヤギの腹部から背中にかけて白い体毛で覆われた状態をさしている。セキルは、ヤギの下肢の部分が白い体毛で覆われた状態を表現する語彙である。ボリュル、セキルとも、白い体毛が腹部から背中、下肢など特定の部位とむすびついてあらわれているわけである。ブクシュは、ヤギの耳がねじれている状態をさす語彙である。ディクメンは、ヤギの角がまっすぐな状態をあらわしている。キュペリは、ヤギの喉に房状の毛か肉垂がたれさがっていることを表現する語彙である。ブクシュ、ディクメン、キュペリは、耳や角、喉などの部位にあらわれた特徴的な形状を表現した語彙といえるだろう。

ボリュル、セキル、ブクシュ、ディクメン、キュペリの語彙の使用例は、つぎのようになる。これらは、いずれも三名法か四名法となっている。

カラ・ヤブル・ボリュル　腹部だけが白く、幅びろの耳がだらりと垂れた黒ヤギ
ヤナル・ドーウ・セキル　頬の部分が茶色で下肢部が白く、横にながく耳がつきだした黒ヤギ

カラ・ヤブル・ディクメン　まっすぐな角で、幅びろの耳がだらりと垂れた黒ヤギ
ヤナル・ドーウ・キュペリ　喉に房状の毛をもち、頬の部分が茶色で、横にながく耳がつきだした黒ヤギ

三名法のなかでカラ(黒)は原則として省略されるが、耳の形の名称のあとに、ヤギの体の特定の部位の特徴をあらわす語彙(ボリュル、ディクメンなど)がくるとき、例外的に冒頭にカラ(黒)がつかわれる。

ここにみてきたように、ヤギの耳の形、体毛の色、体の部位の特徴をあらわす語彙などにもとづく二名法・三名法・四名法によって、すべてのヤギを記述し、類別することが可能になっているわけである。このヤギの識別体系を、性差と成熟度にもとづく名称体系と組みあわすことによって、ヤギの群れのすべての個体を把握して言語に表現することができるようになっている。しかも、言語によってその内容を他者につたえられるだけでなく、うけとった情報から他者はヤギの個体にかかわる具体像を想像の世界で描くことが可能になる。このような操作を通して、ヤギの群れについての情報が個体レベルにおいてまで社会的に共有化される。これは、遊牧の起源をかんがえるうえでの重要なポイントのひとつといえるだろう。

個体名の種類

遊牧民ユルックの社会では、すべてのヤギに個体名がついている。個体名を牧夫がよべば、よばれたヤギはちかよってくるなどの反応をかならずしめす。牧夫と個々のヤギとのあいだには、明確に個体名が共有されている。こうしたヤギの個体名は、各世帯の群れごとにそれぞれ特徴がみられる。ヤギの個体名には、各世帯の群れごとの固有性とともに、各世帯の群れをこえて共通するものもある。

個体名は、なにかにもとづいて命名されている。個体名を大別すれば、いくつかの根拠に集約することができるであろう。それは、地名にもとづくもの、人名にもとづくもの、出所にもとづくもの、出生時の状況にもとづくもの、身体的な特徴にもとづくもの、性格や行動の特徴にもとづくもの、体につけた付属物にもとづくものなどである。

地名にもとづくヤギの名のおおくは、具体的で実在の村名などである。その場合、当該のヤギを購入した村名をつかっている。遊牧民ユルックのヤギの群れは、さまざまな経路から流入した多数の個体から構成されていることがおおい。遊牧の移動路ぞいの村や家畜の売買などさまざまな関係をもつ村からの購入は、ヤギの群れへの個体(複数であることがおおい)の流入経路として重要なもののひとつとなっている。ヤギの群れのなかの近親相姦を回避する目的で群れのいれかえをおこなうときなどにも、購入などの手法がつかわれる。地名にもとづくヤギの名の命名は、その出所を明示するものといってもよいだろう。

人名にもとづいて命名された名には、ふたつの種類がみられる。ひとつは、ヤギの個体を購入した相手(売主)の名にちなんでつける事例である。この場合、サル・メフメット(サルは金髪の意。メフメットは男性の名)、アフメット・アリ(アフメットもアリも男性の名)、コジャ・ムスタファ(コジャは大きいの意。ムスタファは男性の名）、ミュドゥル（管理者）など男性名やあだ名などをつけることがおおい。ヤギの個体の売主の名にちなむ命名は、地名にもとづく場合と同様にその出所を明示したものといえる。

人名にもとづいて命名されるもうひとつの事例は、ひとりの個人にちなんだ名である。親族や知りあいの人の顔に似ているなどという理由で、その人の名がヤギの個体につけられることがおおい。この場合、ドゥドゥ（女性の名）、ハティジェ（女性の名）、ギュゼル（女性の名）などの女性名がおおくつかわれる。この女性名がヤギの個体におおくつけられるのには、出産時などでの命名の現場に女性たち（それと子どもたち）がたちあう機会のおおいことが関係している。

出所にもとづく名というのは、ヤギの個体が群れに流入してきたときの状況や季節などを反映して命名されたものである。たとえば、バハル（春の意味）というヤギの個体の名は、春に買いいれたことにもとづいて命名されている。カラ・マヤという名のヤギの個体は、カラ・マヤ（黒い成メスのヒトコブとフタコブとの混血ラクダ）との交換によって群れに流入してきた歴史を背景にもつ。ヤギの個体名には、それぞれの個体が背負っている歴史の一部を体現しているものがおおいといえる。

出生時の状況にもとづいて、ヤギの個体に命名された事例もみられる。たとえば、イェティムという名のヤギの個体がいる。イェティムは孤児という意味の単語であるが、出産時に母ヤギが死亡したためこの名がつけられた。出産時に母ヤギが死亡したことにともなって命名された事例は、このほかにもいくつかみられる。コユン・ドゥルウ、テネケジなどが、その一例にあたる。コユン・ドゥルウは、出産時に母ヤギが死亡したのでヒツジ（コユン）に乳をもらってそだてられたヤギの意味である。 テネケジは、出産時に母ヤギが死亡したので子ヤギをブリキ缶（テネケ）にいれて幕営地まではこんだことにちなんでつけた名である。これらのヤギの名は、いずれも母ヤギの出産にたちあった女性たちがその場の状況をふまえながら命名している。

ヤギの個体にみられる身体的特徴にもとづいて、命名をおこなった事例もおおい。ヨルックは毛なしの意味だが、この名のついたヤギの個体も薄い毛をしている。ティフティクリはモヘア(アンゴラヤギの毛)の形容詞形だが、毛足がながくふさふさした毛で覆われたヤギの名である。アラ・エニックはアラ(黒白まだら)とエニック(子イヌ)の複合語で、黒白まだらで子イヌのように小さい体格のヤギの名となっている。アク・サルは、母ヤギが茶色の体毛(サル)であったのに子ヤギが白い体毛(アク)であったのでついた名である。シェレク(一本角)、キョル・カバク(盲目で角なし)、テク・クラック(ひとつ耳)などは、身体的特徴を強調した命名となっている。

ヤギの個体の性格や行動的特徴にもとづく命名の事例も、おおくみられる。この事例にあたる名の一部は、ゲベシュ、シュト・ドケン、ウルシュ、クルシュンなどである。ゲベシュは、大食いの意味である。シュト・ドケンはシュト(乳)とドケン(ひっくりかえす)の複合語で、搾乳用の容器を脚にひっかけてひっくりかえす癖のあるヤギの名となっている。ウルシュは、ゆっくりあるくという意味である。クルシュンは弾丸の意味で、鉄砲玉のようにはやくあるくヤギの名となっている。

ヤギの体につけた付属物にちなんで、命名する事例もある。ジルリ、ムスカルなどが、その一例にあたる。ジルは小さな鈴の意味で、リは形容詞句をつくる接尾辞である。ムスカは邪視からまもるための呪符を意味する語彙で、ルは形容詞句をつくる接尾辞である。ジルリ、ムスカルとも、よいヤギを意味している。鈴やムスカは、もっとも信頼のおけるヤギをえらんでつけているからだ。その意味では、ジルリ、ムスカルともヤギの行動的特徴にもとづいて命名されたものともいえるだろう。

ヤギの個体名を全体的にみた場合、人名と身体的特徴、性格・行動的特徴の三者にもとづいたものがおおいといえる。これらの命名にあたっての原理をつきつめてゆくと、ふたつの要素がはたらいていることがわかるであろう。それは、出所の原理と個体的特徴の原理とのふたつに集約できる。地名・人名の一部・出所・出生時の状況などにもとづく命名は、出所の原理によっているといえる。人名の一部・身体的特徴・性格や行動的特徴・体につけた付属物にもとづく命名は、個体的特徴の原理によったものといえるだろう。

母系制の系譜

遊牧民ユルックの社会のなかで、ヤギの個体名は当該のヤギにあてはまったものもあるが、かならずしもそのままあてはまらないものもある。たとえば、シェレク(一本角)とよばれるヤギに二本の角のみられることがある。カバク(角なし)という名のヤギに、立派な角がある事例もみられる。クルシユン(鉄砲玉のようにはやくあるく)という名のヤギが、のろのろとしかあるかないこともある。ドゥドゥという女性名がオスヤギについていたり、サル・アフメットという男性名がメスヤギの名であったりすることもよくみられる。

こうしたヤギの個体への命名の事例は、どこか混乱した状況のようにみえる。実際には混乱した状況を反映したものではなく、確固とした原理がはたらいている事実をしめすものである。ヤギの個体名の命名体系の背後には、個体名は母方を通じて継承されるという原理がはたらいているわけである。ある時点で命名されたメスヤギの個体名が、その子どもがオス・メスにかかわらず母系制の原理にもとづいて代々つたえられているのだ。おおくの場合、ひとつのヤギの個体名は、六世代から七世代にわたって継承されている。おなじ個体名を共有するなかでなにか特徴的なメスヤギが出現したときには、その個体に対してあらたな命名がなされる。あらたな個体名を付与されたメスヤギは、あらたな母系血縁集団の祖となるわけだ。

遊牧民ユルックは、ヤギの群れのなかにみられる母系血縁集団をスラレとよんでいる。スラレは、もともと遊牧民ユルック社会における父系血縁集団（リネッジ）をさす語彙である。遊牧民ユルック社会のなかで、スラレは系譜認識にもとづいた社会編成をおこなううえで重要な機能をはたしている。このスラレという語彙が、ヤギの群れのなかの母系血縁集団に対して転用されているわけだ。遊牧民ユルックたちは、ヤギの群れをいくつかの母系血縁集団単位に分割して全体的把握をおこなっているといえるだろう。ヤギの群れの母系血縁集団内における時系列的な系譜関係は、数世代から十数世代にわたって遊牧民ユルックたちの頭のなかにきざみこまれている。

ヤギの個体名は、命名された時点ではたしかに個体名であるが、時間の経過をふくめて全体的にみると母系血縁集団名（スラレ名）としての機能をはたしているといえる。ヤギの群れのなかのスラレ（母系血縁集団）は、遊牧民ユルック社会のなかのスラレ（父系血縁集団）と同様に時がたてば小スラレに分裂してゆく。おおくの遊牧民ユルックは、分裂後の小スラレ（母系血縁集団）のもとの大スラレまでの歴史を、十数年間から数十年間にわたって記憶している。それだけ、遊牧民ユルックとヤギの群れと

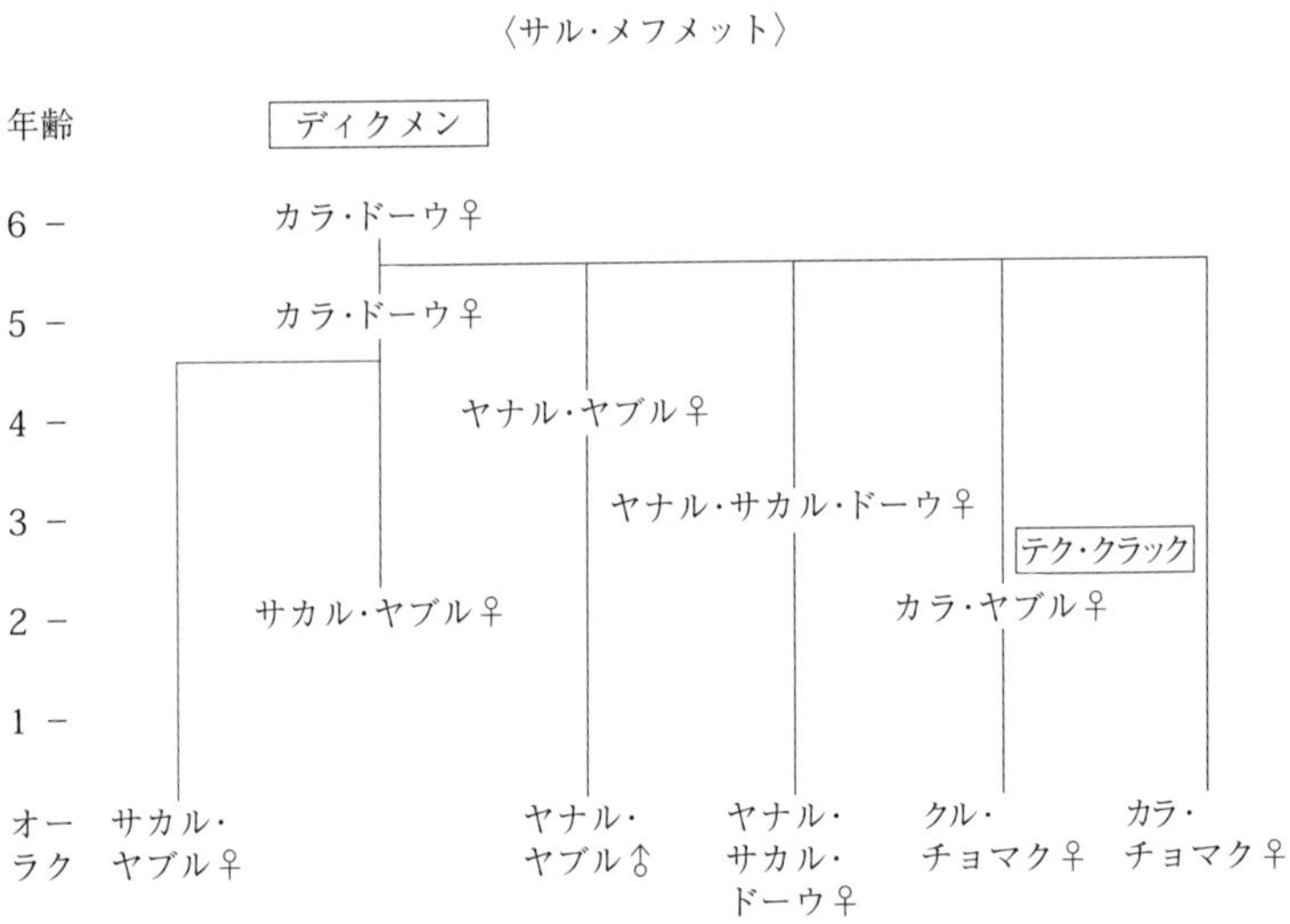

図5　ヤギの個体名の一例――大スラレのサル・メフメットの小スラレ
ディクメンから，さらにテク・クラックが分裂したことを示す（線は親子関係）
出典：松原正毅『遊牧の世界』258頁

の共生の歴史が深く共有されているといってよいだろう。

ここで、遊牧民ユルックのヤギの群れのなかのスラレ（母系血縁集団）の歴史について、ひとつの具体例を例示しておく。例示するのは、一九七九年から八〇年にかけてわたし自身が生活をともにしたユルック遊牧民社会のなかの一世帯（アリ・カラギュンの世帯）における事例である。この世帯では、一九八〇年六月の時点で四八〇頭あまりのヤギの群れがいた。全頭数のなかで、サル・メフメットとよばれるスラレに所属するヤギの個体は一五三頭であった。全体の群れにおいて、サル・メフメットのスラレの頭数が約三分の一をしめていることになる。サル・メフメットという名の母系血縁集団の構成メンバーが、この世帯のヤギ群の基幹部分をしめているわけである。

サル・メフメットという名のついたヤギの集団は、一九六八年に近村にすむサル・メフメットという名の男性から入手したものであった。このとき、四〇頭のヒツジと交換する形で同数のヤギ(一〇頭のケチを含むメスヤギ)を獲得している。この四〇頭のメスヤギすべてに、サル・メフメットという名をつけたわけである。アリ・カラギュンの世帯に流入してきてから一二年が経過した一九八〇年の時点では、初代のサル・メフメットという名のスラレ構成メンバーはすべて死去している。八〇年当時、その子孫たちがヤギの群れの中心部分を構成しているわけである。もちろん、子孫のすべてが群れにのこっているのではない。その一部は売却され、その一部は死亡して群れからさっている。

八〇年時点で、サル・メフメットの大スラレ(母系血縁集団)は二一の小スラレに分裂している。小スラレの名称は、カバク(角なし)、コジャ・ヤシュル(年老いた)、クルシュン(弾丸)、ムスカル(呪符をつけた)、シェレク(一本角)、シュト・ドケン(ミルクいれ倒し)、ディクメン(直立したまっすぐな角)など多様である。この小スラレも、歳月をへるとさらに分裂してゆく。たとえば、サル・メフメットからわかれて初代のディクメンという名の小スラレの祖となったケチ(経産のメスヤギ)が四年前に産んだメスヤギは、テク・クラック(ひとつ耳)という名の小スラレの祖となっている。カラ・ドーウ(まっすぐ横に筒状にながくのびた耳をもつ黒ヤギ)のディクメン(六歳)は、毎年出産し八〇年二月にもカラ・チョマク(横にみじかくつきでた耳をもつ黒ヤギ)の子ヤギ(オーラク。メス)を産んだ。カラ・ヤブル(幅がひろくてながくだらりと垂れた耳をもつ黒ヤギ)のテク・クラック(二歳)も、八〇年二月にクル・チョマク(霜ふり状の耳が横にみじかくつきだした黒ヤギ)の子ヤギ(オーラク。メス)を産んでいる。子ヤギは、それぞれ母ヤギの名を継承した。

ここに一例をしめしたように、遊牧民ユルックの社会のなかではヤギの群れのなかにおける母系血縁集団(スラレ)の歴史が詳細に把握されている。かれらは、ヤギの群れの時系列での変遷、スラレの分裂の時期や系譜関係、代々の構成メンバーの形状などについて、おどろくほど克明で正確な記憶を保持しているわけである。家畜群との濃密な共生関係の存在が、こうした記憶の継承を可能にしているといえるだろう。

認識体系の共有範囲

ヤギの群れの個体名についての知識は、原則としてひとつの世帯(チャドル。チャドルはテントの意)内で共有されているだけである。厳密にいえば、ひとつの世帯内でも女性と子どもの構成メンバーがその知識の共有化の中心となっている。その背景には、ヤギの個体名を命名するにあたって世帯内の女性と子どものメンバーが主導的な役割をはたしている事実がある。

毎年、ヤギの群れでは冬から春にかけて出産期をむかえる。通常、二月から三月のあいだの時期が出産のピーク期となっている。ヤギの出産は、日中におこなわれることがおおい。放牧中の出産もよくあることなので、ヤギの群れと行動をともにしている牧夫(チョバン)はかならずその現場にたちあっている。さきにもふれたように、ヤギの群れの牧夫役はほとんど女性がつとめている。出産の現場で、牧夫たちは必要に応じた介助をおこなうとともにヤギの母子関係の確認をする。この確認にもとづいて、母ヤギの名が子ヤギに継承されてゆく。生まれた子ヤギに顕著な身体的特徴があるときなどには、その場で新しい個体名がつけられることもある。性格や行動における特徴がきわだってみえるときは、出生後しばらく時間をおいてからの命名となる。

出産の現場だけでなく、出生後に時間をおいてから命名や名前の確認をおこなうときも、世帯内の女性メンバーの主張や意見が強く反映される。こうした場合、女性メンバーとともに子どもたちも積極的に命名の決定にかかわっている。場合によっては、子どもたちの意見が採用される。遊牧民ユルックの社会では、ヤギを含めたマル(家畜)の個体名の命名はほとんど世帯内の女性メンバーと子どもたちによっておこなわれる。世帯内の男性メンバーが個体名の命名の決定にかかわることは、それほどおおくない。そのため、みずからの世帯のヤギなどの個体名について男性メンバーが女性メンバーや子どもたちに確認や質問する事例がおおくみられる。

遊牧民ユルックの社会では、ひとつの世帯内のヤギの個体名(実際には母系血縁集団名)の知識を男性メンバーが共有している事例はすくない。男性メンバーの少数が、女性メンバーや子どもたちが保持するヤギの個体名についての知識を共有しているくらいだ。実生活のなかでは、この状況が極度の不都合をもたらすことはないようである。それは、原則としてヤギの個体名にかかわる知識がひとつの世帯をこえてひろがることがないためだ。どのヤギにどのような名前がついているかは、その群れを所有する世帯(女性と子どもが中心)の成員だけがしっていることである。それぞれの世帯のなかで、ヤギの個体名についての知識と情報は、群れ管理と系譜関係の把握のうえで効果的な帳簿の機能をはたしているといえるだろう。

ヤギの個体名は、放牧や搾乳のときなどに呼称としてもちいられる。この場合、ひとつの名前に母子のヤギが反応してかけよってくるなどの行動がみられることがおおい。ヤギの群れのなかには、おおいときにはひとつの名前を共有する個体が一〇頭前後いることもある。こうした場合には、個体名のあとに成熟度をしめす名称(テケ、ケチ、ヤズムシュなど)をつけて特定の一頭を指示する。

ヤギの群れに母系制を原則とする個体名をつけるという知識は、遊牧民ユルックの社会では全体的に共有されたものである。具体的な命名にあたっても、社会的に共通した知識がひろがっている。そのため、各世帯のあいだで極端に異質な個体名が多数みられるということはない。ただ、少数の個体名と個体名の体系についていては、それぞれの世帯の独自性が発揮されているわけである。その意味において、ヤギの個体名の体系は世帯レベルの知識といえるだろう。世帯レベルの知識ではあるが、その中核部分を世帯のなかの女性と子どもの成員が担っているのがもっとも重要な点である。これは、遊牧の起源をかんがえるうえでのキー・ポイントとなるだろう。

成熟度と性差を識別表徴とする名称体系と色名や体の部分的特徴と耳の形を組みあわせた記述的な名称体系は、遊牧民ユルックの社会で全体的に共有された知識である。この知識は、男性と女性の性差や年齢差などをこえて、社会の全成員が共有しているものといえる。このふたつの名称体系を組みあわせることによって、特定の一頭についての言及が可能になる。たとえば、アク・ヤブル・ヤズムシュといえば、「幅びろの耳がだらりと垂れた白ヤギで、一定の性的成熟度に達しているが、まだ出産経験をもたないメスヤギ」という情報が即座に相互的に交換される。世帯をこえた社会的な場において ヤギを話題にとりあげる場合は、このふたつの名称体系を組みあわせることによって会話が充分に成立するわけである。ふたつの名称体系の組みあわせは、具体的なヤギのイメージを喚起する力をそなえている。

知識としての社会的共有度と認識の深度を軸にとれば、成熟度と性差を識別表徴とする名称体系がもっとも深層に位置している。これを、第一レベルの認識体系とよぶことができるであろう。第二レベルの認識体系は、色名や体の部分的特徴と耳の形を組みあわせた名称体系となる。第三レベルの認識体系は、ヤギの個体名の体系である。第三レベルの認識体系は、社会的共有度の幅がせまくなり、認識の深度もあさいといえる。この三層に重層化した認識体系は、ヤギの群れを全体的に把握し管理する技術の基礎となっている。これは、ヤギの群れを全体として把握すると同時に、いくつかのグループとして認識し、さらに個体レベルでの掌握を可能にする体系といえるだろう。この知識の体系は、ながい年月にわたってヤギの群れと共生する歴史のなかで洗練されたものといってよい。

ヒツジ・ウマ・ラクダ・ウシの識別体系

遊牧民ユルックの社会では、ヒツジの個体名はみられない。ヤギには個体名があるのにヒツジにそれがないことについて、明快な説明はない。この疑問に対して、昔からそのような習慣だという説明がかえってくるだけである。

遊牧民ユルックの社会においては、数百頭単位のヒツジの群れを所有する世帯は数すくない。さらに、各世帯のなかで、ヤギにくらべるとヒツジの頭数は全体的にすくなくなっている。そのためもあって、ヒツジの重要度はヤギにくらべるとひくいといえる。これには、ユルックの遊牧生活の主要な舞台が、ヤギの群れの活動に適した山岳地帯にあるという条件も関係しているだろう。ヤギほどの大群を管理することがないため、ヒツジに個体名をつけて系譜的に群れを把握する必要性が生じなかった可能性もかんがえられる。さらに、遊牧民ユルックのなかでは、夜間放牧をおこなう理由からヒツジの放牧には男性が主役を担っている状況が影響しているのかもしれない。ヤギの放牧では女性の負担する役割が大きく、その基盤のうえにヤギの個体名の付与がおこなわれているからである。

ヒツジの場合、個体名の体系にもとづく第三レベルの認識体系が欠落しているといえるだろう。第三レベルの欠落はあっても、成熟度と性差を識別表徴とする名称体系にもとづく第一レベルの認識体系と色名や体の部分的特徴と耳の形を組みあわせた名称体系にもとづく第二レベルの認識体系は充分に機能している。このふたつの認識体系をかさねあわせることによって、ヒツジの個体識別と個別的な特定は可能である。

遊牧民ユルック社会のなかでみられるヒツジは、ヤギほど多様な色の体毛や体の部分的特徴が存在しない。そのため、ヒツジの第二レベルの認識体系はヤギにくらべると簡略化されたものになっている。単色としては、アク(白)とカラ(黒)のふたつの語彙がある。ここでは、黒ヒツジの出現はきわめてすくない。アナトリア東部地域でみられるモル・コユン(褐色のヒツジ)も、まったくいない。多色としては、アラ(大きい単位の白黒のまだら文様や斑点)とチャパル(小さい単位の白黒のまだら文様や斑点)がみられるくらいである。

ヒツジの耳の形には、ヤブル、ドーウ、チョマクの三類型がみられる。ヤギの耳の形にみられる三類型の中間形は、ヒツジの耳の形にはあらわれない。ヤギの耳や頬、頭の部分色をしめすクル、ヤナル、サカルなどの事例は、ヒツジではほとんどみられない。ヒツジの体の部分的特徴をしめす語彙としては、カラ・バシュ(黒い頭)、カラ・ギョズ(黒い目、目の周辺が黒い)、カバク(角なし)などがつかわれる。

ウマ、ラクダには、ヤギのような母系制にもとづく個体名の体系はない。それでもラクダには、一代かぎりの固有の個体名がみられる。この個体名は、ほとんど成熟度と性差を類別表徴とした名称体系を準用したものである。その一例は、アク・ハドゥム(白いハドゥム)、コジャ・ハドゥム(大きいハドゥム)、カラ・マヤ(黒いマヤ)、クルムズ・マヤ(赤いマヤ)、エイリ・マヤ(コブがかたむいたマヤ)、キリンジなどになる。ときに、デリ・ケマルのように人名を個体名としてつかうこともある。この場合は、そのラクダのもとの所有者の名前が転用されている。

ラクダの個体名の事例からあきらかなように、ラクダに対しては体色(アク、カラ、クルムズなど)や体の部分的な特徴(エイリなど)を表現する語彙が用意されている。ウマでも、体色や体の部分的な特徴を表現する語彙がつかわれる。ヤギに適用されているサカルやセキルは、もともとウマの頭部や下肢部の部分色などの特徴をしめす語彙であった。ただ、ラクダやウマに対してもちいられるこれらの語彙は、ヤギの事例のように二名法や三名法などの体系を構築することはない。

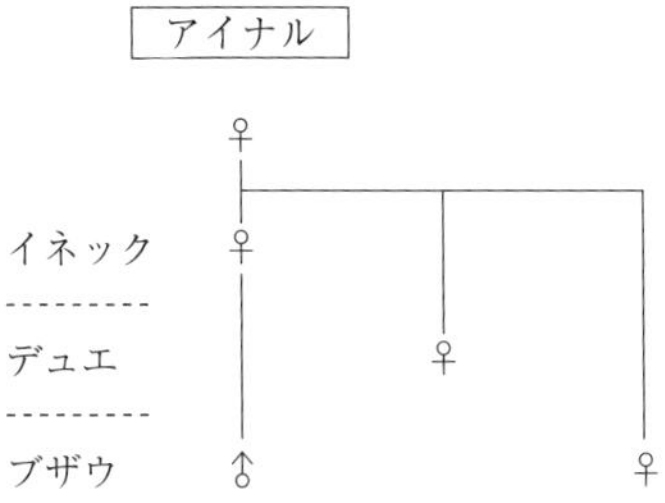

図6　ウシの個体名の一例
出典：松原正毅『遊牧の世界』266頁

ウシには、ラクダやウマとちがって母系制を原理とする個体名の体系がみられる。ウシの個体名は、体の特徴にもとづいたものと性格の特徴にもとづいたものがある。体の特徴にもとづいた個体名としては、クドゥ(体格が小さい)、アイナル(鏡の意味。頭上部に白い毛がある)、アラプ(黒人の意味)、パルラク(皮膚にかがやきがあること)、カラ・コングル(黒色がかったはしばみ色)などがあげられる。性格の特徴にもとづいた個体名には、スルメリ(いつもうしろから追いたてなければならない)、ヤヌック(さびしがりやでだれかにくっつきたがる)などの事例がある。

ウシの識別体系

ウシの個体名にあらわれる語彙は、ヤギの個体名にはほとんどつかわれていない。それでも、その命名法には共通点がみられる。ウシの母系血縁集団(スラレ)は、三頭から五頭くらいの規模で構成されているものがおおい。たとえば、アイナルという名のスラレではその集団のメスウシからほとんど毎年子ウシが生まれているので、構成メンバーが五頭になっている。一頭のウシを特定する必要があるときは、個体名とダナ、ブザウ、デュエなど成熟度と性差にもとづく名称を組みあわせて表現する。

ウシの個体名の命名は、ヤギの場合と同様に世帯のなかの女性と子どもたちが主導しておこなっている。遊牧民ユルックの社会では、ウシとヤギにだけ母系血縁集団の原理にもとづいた個体名の体系が存在しているわけである。この理由のひとつは、遊牧民ユルックの社会において搾乳の主要な対象がウシとヤギになっていることであろう。ヒツジも搾乳されてはいるが、搾乳の対象としてヤギやウシほどの重要性がみとめられていない。ウマとラクダは所有頭数が全体的にすくないためもあって、ほとんど搾乳されることがない。

母系血縁集団の原理にもとづいた個体名の体系の有効性が明確にあらわれるのは、搾乳の場面においてである。とくにウシの搾乳においては、催乳をおこなったあと子ウシを母ウシの前脚につないで搾乳をおこなうので、この個体名の体系の実質的な効果が顕著にみられる。朝夕二回のウシの搾乳は、大声で個体名をよぶことからはじまる。おおくの場合、個体名のよび声に反応して母と子のウシが両方ともさかんに鳴声をあげてちかよってくる。この過程があるため、容易に搾乳作業にはいることができる。

遊牧民ユルックの社会では、当然ながら搾乳の主要な対象となる母ウシや母ヤギの乳量について強い関心がある。この関心は、乳量のおおい個体を時系列のなかで系統的にとらえる方向にもむけられている。これが、ウシやヤギの群れを母系血縁集団として把握する強い根拠のひとつとなっているだろう。

放牧中にヤギやヒツジ、ウシなどの群れが分散したとき、母子関係を核とした部分的な集団をつくる傾向がみられる。放牧に従事する牧夫たちは、長期にわたって蓄積した経験から、この事実をよく認識している。ヤギやウシなどにおける母系血縁集団の把握にあたって、こうした実態的な知識の寄与している部分が大きいといってよいだろう。こうした知識の獲得は、ヒトと動物との共生関係の歴史のなかで実現したものといえる。

ウシやヤギにみられる母系制を原理とする個体名の命名体系は、遊牧民ユルックの社会以外でも存在する。その事例のひとつは、梅棹忠夫による東アフリカのダトーガ牧畜社会についての論文のなかで報告されている。[3] ダトーガ牧畜社会のなかで母系血縁集団の原理にもとづいた個体名の存在が確認されるのは、ウシの群れについてである。

梅棹は、ダトーガ牧畜社会におけるウシの個体名をつぎの六つに分類している。それは、a色をしめすもの、b色の組みあわせ、あるいは模様をしめすもの、c形態的特徴をしめすもの、d到来の由来をしめすもの、e地名・人名・部族名にもとづくもの、fその他（意味不明のもの）である。この個体名の分類は、さきに遊牧民ユルックの社会におけるヤギの識別体系のところでのべたように、出所の原理（d、e）と個体特徴の原理（a、b、c）とのふたつに集約できるであろう。これによって、命名体系の原理が両社会のあいだでほぼ共通していることがわかるであろう。

ダトーガ牧畜社会において、ウシの個体名は母系血縁集団名を意味している。それは、ウシの群れのなかで二〜六頭の同名の個体が母系血縁でむすばれた小集団を形成していることからあきらかといえる。梅棹論文のなかでは、ウシの個体名の命名がだれによっておこなわれているかは明記されていない。それでも、同論文中のつぎのような記述から、個体名の命名の主導権を女性（それと子どもたち）が担っていることが充分に推察できるであろう。[4]

家畜管理の最大の仕事は、ウシの乳しぼりと幼畜の世話とである。それはいずれも女の仕事である。各 ghorīda の女は、その子どもたちとともに、自分の ghorīda に分属しているウシの乳をしぼり、幼畜の世話をする。そして、その乳によって、いわば自活しているのである。ghorīda

小世帯は、家畜管理の単位であるとともに、消費と自活の単位でもある。

梅棹論文の補遺のなかで、ウシ以外の家畜の個体名についての言及がみられる。これによると、ダトーガ牧畜社会で生産家畜と総称される dugun のなかで、ヒツジとロバには個体名がなく、ウシとヤギに個体名がある。ただし、ヤギの個体名は、ウシにみられるような母系血縁集団名の体系にはなっていない。ヤギの個体名が、当該の個体の名であって、母子相伝となっていない背景について同論文でつぎのように説明されている。(5)

ヤギの放牧は、子どもの仕事である。ヤギの放牧についてゆくのは、たいていいちいさい子どもである。ヤギの名も、子どもが愛称としてあたえているにすぎないことがおおく、おとなはまったくしらないことさえある。

ダトーガ牧畜社会では、ヤギの個体名の命名はもっぱら子どもによっておこなわれているわけである。この事実も、遊牧の起源を考察するにあたって重要な示唆をあたえるものとおもわれる。

搾乳をめぐる技術

搾乳は、遊牧を構成する重要な要素といえる。搾乳と乳の加工によって、遊牧生活の持続性が可能になったからである。遊牧民ユルックの社会では、搾乳の主要な対象はヤギ、ウシ、ヒツジとなっている。ウマ、ラクダは、飼育頭数がすくないうえに、クムス(馬乳酒)などの乳製品をつくらないため、搾乳の対象とはされていない。ウマとラクダの搾乳は、モンゴルやカザフスタンなどでさかんにおこなわれている。

ヤギの搾乳が本格的におこなわれるのは、夏営地と秋営地に滞在しているあいだである。冬営地に滞在中にヤギの出産があるが、出産後しばらくのあいだはもっぱら母乳は子ヤギの哺乳にあてられる。おおくの場合、ヤギの搾乳は五月から一〇月の約五カ月間おこなわれる。

ヤギの搾乳は、午前中の放牧をおえてテント地のちかくの寝場所でしばらく休息したあとおこなわれている。通常、搾乳時間は午後二時から三時のあいだである。搾乳は、ヤギの群れのなかからオーラクル・ケチ(子もちの母ヤギ)を選別してあつめるところからはじまる。搾乳対象の母ヤギは、数十頭になる。選別された母ヤギの群れの先頭の二頭の角やあごひげをつかんでその場に静止させると、あとの母ヤギはおとなしく列をつくって順番をまつ。先頭の二頭の母ヤギの後脚のあいだから両手で乳房をつかんで、二人の女性がリズミカルに容器のなかに搾乳してゆく。一〇回前後、乳房をしぼると一頭の搾乳がおわる。柵も囲いもない場所で順番をまっている母ヤギの搾乳を、手際よくつぎつぎとすませる。数十頭の母ヤギの搾乳にかかる時間は、二〇分から三〇分である。

母ヤギの搾乳がおわると、ちかくに待機していた子ヤギ(オーラク)の群れがかけよってきて残り乳を哺乳する。搾乳後の残り乳だけをあたえることによって、子ヤギが母ヤギの乳をすべてのみつくしてヒトの利用にまわらないことを制御しているわけである。ヒトの側が乳を利用するため、子どもが自由に乳をのめないようにさまざまな技術が工夫されている。子どもが自由に乳をのめないようにするためには、母子隔離の原理がつかわれる。

遊牧民ユルックの社会では、母子隔離の方法としてカトゥシュをおこなっている。カトゥシュは「まぜる、なげいれる」などの意味をもつ動詞カトゥマクの名詞形だが、ふたつのテント(世帯)のあいだでヤギなどの子群を交換する方法をさしている。夕方放牧からかえってきたヤギの群れのなかから子ヤギ(オーラク)をえらびだし、となりのテント(世帯)のヤギの群れのなかにおいこむ。それと交換に、となりのテント(世帯)の子ヤギ(オーラク)群を自分のヤギの群れのなかにうけいれる。このカトゥシュの状態を、翌日の午後の搾乳時までつづける。母ヤギはみずから出産した子ヤギ以外には授乳しない習性をもつので、搾乳用の乳がたもたれるわけである。カトゥシュは、もともと動物にそなわった習性を巧みに利用した母子の一時的な分離の方法といえるだろう。

搾乳のため母子隔離をおこなうカトゥシュは、ヤギとヒツジの群れに適用されている。カトゥシュは、夏営地に到着するとすぐにはじまり、秋営地での滞在の後半までつづけられる。カトゥシュが継続されるのは、ヤギやヒツジの乳量がおおく、本格的な搾乳と乳製品作りのおこなわれる期間である。カトゥシュをおこなうテント(世帯)のあいだには、親しい友人関係のあることがおおい。一部では、兄弟間などの親族関係、妻方の父と娘婿などの姻族関係に基盤をおいてカトゥシュがおこなわれている。

ハルハ・モンゴルの社会でも、カトゥシュと同様な方法がみられる。ここでは、春から夏にかけてふたつのテントのあいだでヤギやヒツジの子群を交換しあう。ヤギやヒツジの群れが朝の採食をすませたあとに、子群を分離して相互の群れにいれる。その状態で夕方まで放牧をつづけ、搾乳後にそれぞれの子群を本来の群れにもどしている。ハルハ・モンゴルでは、相互に子群の交換をおこなっているテントをサアハルト・アイル(隣あわせのふたつの世帯)とよぶ。サアハルト・アイルの関係はながい年月にわたって持続し、たがいに結婚相手を提供しあう緊密なつきあいの単位になることもある(6)。

遊牧民ユルックの社会において、カトゥシュ以外で子ヤギや子ヒツジの哺乳をさまたげる方法がとられている。これは、子ヤギや子ヒツジの群れを交換する相手がいないときなどにおこなわれる。この方法は、母ヤギや母ヒツジの乳房に水で練った牛糞を塗布するものである。泥状に水で練った牛糞を乳房に塗布すると、子ヤギや子ヒツジはこの臭いをいやがって哺乳しようとはしない。この牛糞の塗布の効果は、午後の搾乳後から休眠中をふくめて翌日の搾乳時まで継続する。水で練った牛糞を母ヤギや母ヒツジの乳房に塗布する方法は、子ヤギや子ヒツジの離乳を促進するためにもつかわれている。

遊牧民ユルックの社会では、ヒツジの搾乳方法はヤギの場合とおなじである。後脚のあいだから両手で乳房をつかんで、容器に搾乳してゆく。ヤギの搾乳と異なる点は、ヒツジを一頭ずつひきだして搾乳するところである。ヒツジでは、ヤギのように順序よく列をなして二頭ずつ搾乳してゆく方法はとられない。また、キルギスやカザフ、モンゴルなどでみられる対面する数十頭のヒツジの交差した首にロープをかけて数珠つなぎにした状態で搾乳する方法も、遊牧民ユルックの社会では実行されていない。

ウシの搾乳期間は、ヤギやヒツジにくらべるとながい。冬営地に滞在中の二月初旬から秋営地から冬営地への移動中の一〇月末までの約九カ月のあいだ、ウシの搾乳がおこなわれる。冬営地で子ウシを産んでしばらくのあいだは、放牧にでかけるまえの早朝に一回だけ搾乳する。冬営地滞在の末期から夏営地と秋営地に滞在中は、朝夕二回の搾乳をおこなう。

ウシの搾乳は、かならず母と子のウシをセットにしておこなう。首にロープをつけた子ウシを母ウシのそばにつれてきて、そのロープの一端を母ウシの前脚にしばる。ときには、ロープでむすびあわせるまえに、子ウシに一口、二口乳をすわせて催乳をおこなう。ロープでむすびあわせると、母ウシは子ウシをなめたりしておとなしくたっている。気分がおちついておとなしくなった母ウシの体の横側から、搾り手は両手で乳房をつかんで搾乳してゆく。ウシの場合も、ヤギやヒツジと同様に乳の搾り手はもっぱら女性になる。ヤギの搾乳のときに先頭の二頭をおさえる役割を男性がおこなうこともあるが、女性がこの役もつとめる場面がおおくみられる。全体的に、搾乳をふくむ乳にかかわる仕事は、ほとんど女性がとりしきっているといえる。この事実は、遊牧の起源をかんがえるうえでのキー・ポイントとなるだろう。

ウシの場合は、子群を交換するカトゥシュはおこなわれない。子ウシが自由に母乳をのむのをふせぐために、母群と子群を分離して放牧する方法がとられている。子ウシの群れの放牧を子どもたちにまかせることがおおいが、人手がたりないときは子ウシの群れはほとんど放し飼いの状態である。夏営地と秋営地を通じて、夕方になって母ウシの群れがテント地にかえってきて子ウシの群れと対面して搾乳したあと、残り乳をもらうというプロセスがくりかえされる。残り乳をもらったあとは、子ウシの群れは朝までちかくの木に紐でくくりつけられている。朝になって母ウシの群れが放牧にでかけると、子ウシの群れは紐をとかれて放牧される。乳を自由にのませないための母子分離が、一貫しておこなわれるわけである。

哺乳をさまたげるために水で練った牛糞を乳房に塗布する方法は、限定された時期にウシでもつかわれている。それは、秋営地から冬営地への移動の途中で子ウシの離乳をうながすためである。子ウシの離乳をうながすための鉄製の突起のついた口輪の使用は、第二次世界大戦前ころまで遊牧民ユルックの社会でもおこなわれていたという。ウシの口がせは、モンゴルやカザフなどで現在でもひろくみられる。中国新疆のアルタイ山脈中のカザフ社会では、子ウシの哺乳をさまたげるためにボール紙製の口蓋をつける工夫がおこなわれている。

乳製品への加工

遊牧民ユルックの社会においては、搾乳した乳の大部分は乳製品への加工にあてられる。搾りたての生の乳を、そのままの形で飲用することはすくない。生の形での乳の貯蔵にはさまざまな制約がともなうが、乳製品への加工によってはじめて乳の貯蔵が可能になったわけである。乳製品への加工によって、搾乳をおこなわない乳の端境期をのりこえることができるようになったとともに、遊牧生活の持続性が保障されるようになった。乳製品への加工の技術は、遊牧生活を持続するうえで不可欠な要素であったといえるだろう。現実の遊牧民ユルックの食事のなかで、なんらかの形の乳製品の摂取のない日は一日としてないほどである。それだけ、乳製品は食品のなかで最重要な位置をしめる。

遊牧民ユルックにおける乳製品は、製造過程に対応してふたつの系列にわかれる。ひとつはペイニル系列、ひとつはテレ・ヤー系列のものである。ペイニルはチーズ、テレ・ヤーはバターに相当する乳製品といえる。一般的に、ペイニル系列にはヤギの乳を、テレ・ヤー系列にはウシの乳をつかうことがおおい。ヒツジの乳は、ペイニル系列にもテレ・ヤー系列にも使用される。ヒツジの乳の量がすくないときには、ヤギやウシの乳とまぜあわせてそれぞれの系列の乳製品に加工している。

ペイニル系列の乳製品には、ペイニルとともに、ノルとホルトがある。ペイニルは、搾乳後布でこした全乳に凝固剤(ペイニル・マヤス)をくわえてつくる。添加するレンネット(凝固剤)の量は、全乳の一〇〇〇分の一くらいである。凝固剤の添加後、数時間で凝固物ができる。この凝固物を布袋にいれて一晩つるし、滲出液をこしとる。布袋のなかにのこった鏡餅状のかたまりが、ペイニル(チーズ)である。この鏡餅状のかたまりを、トパックとよぶ。通常、ひとつのトパックの重量は五キログラム前後である。トパックの一部はそのまま食用となるが、大部分は小片にきって陰干ししたあと加塩してヤギの皮袋につめこんで貯蔵食糧とする。これを、デリ・ペイニル(皮のチーズ)とよぶ。

酵素作用によって乳の蛋白質を凝固するレンネット(ペイニル・マヤス)は、自家製である。これは、まだ草を食べていない母乳だけを飲んでいる子ヤギか子ヒツジの胃をつかってつくる。子ヤギの胃のほうが効力が強く、良質のペイニル(チーズ)ができるとされている。乾燥させた子ヤギの胃をヨーグルトをしぼった液のなかにつけ、少量のコムギ粒と一～二粒のブドウなどをくわえる。この状態の液を、半年間ほど壺に貯蔵しておく。半年後には、壺のなかの液がレンネット(ペイニル・マヤス)として使用できるようになる。

ペイニルをつくるとき金属製の容器などにうけておいた浸出液は、ペイニル・スユ(チーズの水)とよばれる。この浸出液は、加熱してノルとホルトとよぶ乳製品に加工する。ノルは、浸出液を約半時間ほど加熱濃縮することによってえられる乳製品である。加熱濃縮によって表面にうかんできた凝固物をすくいあげたあと、加塩して皮袋につめておもに冬の食糧にする。ノルは、チーズの一種といえるだろう。ホルトは、ノルよりもながく一時間以上にわたって加熱濃縮することによってえられる乳製品である。これは、ほとんど水分が蒸発してねばり気をおびた茶褐色の状態になる。ホルトも、加塩して皮袋につめ、冬の食糧となる。全体的にみると、ノルの製造量のほうがホルトよりもおおい。

テレ・ヤー系列の乳製品は、ヨーグルトからつくる。搾乳したウシの乳を加熱し摂氏四〇度前後までさましたあと、前日ののこりのヨーグルトを少量くわえてスターターとし、三時間ほど敷物などで覆って保温するとヨーグルトができる。できあがったヨーグルトの一部は、そのまま食用とされる。大部分のヨーグルトは、金属製の容器に五日から一週間分をためておく。ためておいたヨーグルトをヤギ革製の攪拌《かくはん》容器(ヤユック)にいれて同量(またはそれ以上)の水をくわえ、木製の攪拌棒(フィシェック)で上下にリズムをとりながら攪拌する。途中で二〜三回八〇度くらいにあたためた湯を少量そそぎたしながら、二時間ちかく攪拌作業をつづけると黄色味をおびた脂肪のかたまりが表面にうかんでくる。これが、テレ・ヤー(バター)である。

ヤギの皮袋内のテレ・ヤーを木杓などですくいあげ、水分をきったあと子ヒツジの皮袋につめる。一回の攪拌作業で、二〜三キログラムのテレ・ヤーがとれる。テレ・ヤーをすくいとったあとにのこった液体は、アイランとよばれる。アイランの一部は、加塩して飲料としてつかわれる。大部分のアイランは、半時間ほど加熱してチョケレックに加工する。アイランの加熱によって表面にうかびあがってきた白い凝固物を布袋にいれて水分をきると、チョケレックができる。チョケレックは、脱脂チーズの一種である。加塩したチョケレックをヤギの皮袋につめて、冬の重要な食糧とする。チョケレックをとったあとにのこった液体(サル・スー。黄色い水の意)は、子ウシやラクダなどに水がわりに飲ませている。

遊牧民ユルックの社会では、ペイニル系列とテレ・ヤー系列以外の乳製品が稀につくられることがある。それは、カイマク系列の乳製品である。カイマクは、弱火で乳をあたためたときに表層にできる生クリームである。カイマクを加熱して水分をとばすと、テレ・ヤー(バター)がえられる。カイマクをとったあとの液体分を加熱すれば、チョケレックができる。カイマクの加工にはヒツジの乳がもっとも適しているとされるが、テレ・ヤー系列にくらべると効率がわるいという理由で実際におこなわれることがすくない。

こまかい差異を捨象していえば、乳製品はバター系とチーズ系とに大別することができるであろう。バター系は乳にふくまれている脂肪分をあつめた製品で、チーズ系は蛋白質を凝固させた製品といえる。バター系の乳製品の製法は、クリーム分離型と乳酸発酵型(ヨーグルト加工の過程をへる)のふたつにわけることができる。チーズ系の乳製品の製法は、クリーム分離型と乳酸発酵型に酵素型(レンネットを使用する)をくわえた三種類になる。

遊牧民ユルックの社会でおこなわれている乳製品の製法は、バター系は乳酸発酵型、チーズ系は乳酸発酵型と酵素型に重心をおいたものといえる。ここでは、クリーム分離型の比重が小さくなっている。クリーム分離型は加熱型と静置型に区分されるが、遊牧民ユルックの社会において稀におこなわれているのは加熱型である。クリーム分離型のなかの静置型の製法は、ユルックではまったくつかわれていない。静置型の製法では、全乳を皿や壺などの容器にいれて一昼夜放置し、表層にうきあがったクリーム（蛋白質を含んだ脂肪分）を攪拌してバターの分離をおこなっている。この製法は、クリーム分離のため長時間にわたって全乳を放置しても腐敗しないことが前提となっているので、モンゴルなどの冷涼な地域でさかんにおこなわれてきた。

モンゴルにおける多様な乳製品の大部分は、クリーム分離型と乳酸発酵型の製法でつくられたものである。モンゴルでの乳製品の製法の特徴は、レンネットをもちいる酵素型の比重が小さい点といえるだろう。ユーラシア大陸においては、レンネットを使用する酵素型の乳製品の製法が西へゆくほど比重が大きくなる現象がみられる。この現象には、地域における気象学的な特質とともに歴史の展開のありかたが深く関係しているだろう。

乳製品への加工のすべての作業過程は、女性の手によっておこなわれている。ヨーグルト作りなどの乳酸発酵からバター作りなどのための攪拌作業、乳製品の貯蔵作業や乾燥作業などにいたるまで、女性が中心的な役割をはたしている。これは、遊牧民ユルックの社会だけでなくすべての遊牧社会に共通してみられる状況である。遊牧の起源をかんがえるうえで、乳製品への加工のなかでみられる状況はひとつの決定的な要素と位置づける必要があるだろう。

去勢と性のコントロール

去勢をふくむ性のコントロールは、家畜群を管理するうえで重要な技術の役割をはたしているといえるだろう。遊牧民ユルックの社会では、去勢はヤギ、ヒツジ、ウシ、ウマ、ラクダすべての家畜に対しておこなう。ヤギとヒツジの去勢は秋営地でおこなうが、ウシ、ウマ、ラクダの去勢は冬営地でおこなうことがおおい。この去勢の時期のずれは、それぞれの家畜の発情期のずれに対応したものであろう。

去勢は、原則として家畜の子どもの段階でおこなう。ヤギはチェビチ、ヒツジはトクル、ウシはダナ、ウマはジェレプ、ラクダはドルムかダイラクの時期に、去勢をおこなうことがおおい。ただ、遊牧民ユルックの社会のなかでは、農耕用や荷車牽き用に使用される去勢ウシ(オキュズ)の必要度はすくないので、その姿をみることは稀である。

ヤギの去勢は、睾丸の摘出(チェクメ)によっておこなわれることがおおい。これは、睾丸を包む陰嚢の先端部に小刀で三センチメートルほどの切れ目をいれ、睾丸の根元を指で圧迫して半分くらい外部へおしだしたあと、中ほどに太針をつきさし針孔にとおした糸を指にからめてぐるぐるとまわしながら睾丸をぬきとる方法である。この摘出法のほかに、指または糸をつかって睾丸への血脈の流れをとめる結紮《けっさつ》法(ブルマ)、板ではさんだ睾丸を石などでたたきつぶす叩打《こうだ》法(ドウメ)、前歯で睾丸への血脈の流れをかみきってとめる咬歯《こうし》法(ディシレ・イーディシュ)などがしられている。摘出法以外の去勢の方法は、遊牧民ユルックの社会で実際におこなわれることはすくない。

ヒツジの去勢でも、睾丸の摘出法がつかわれている。最近では、ヒツジの去勢にペンチ状の道具で睾丸をつぶす機械法(マキナ・イーディシュ)をつかうことがおおくなっている。去勢した子ヒツジや去勢まえのオスの子ヒツジは、すべて売却される。去勢した子ヤギもほとんどが売却されるが、ごく少数を群れにのこすこともある。ヤギの群れの行動を管理するうえで、去勢ヤギ(エルケチ)が牧夫の手助けの役割をはたすとされるからである。

ウシ、ラクダ、ウマの去勢法は、共通している。それは、ふたまたになった木の枝で睾丸の根元をおさえ、熱した鉄串で睾丸を根元から焼ききる方法である。焼きとったあとの傷口は、もう一度よく鉄串で焼く。根元の一部がのこると、オスの機能が持続するといわれるからである。

去勢は、あきらかに家畜の群れのなかから過剰なオスを排除するための手段である。もちろん、過剰なオスと解釈するのはヒトの側の一方的な視点によっている。過剰なオスの排除によって、群れの無秩序な分裂をふせぎ、群れの管理を容易にする効果があるのは確実といえるだろう。去勢にかかわる作業は、一貫して男性の手によっておこなわれている。これは、放牧や搾乳、乳製品の加工などの作業がおもに女性の手によって担われているのと対照的といえるだろう。この点は、遊牧の成立の過程について考察するうえで重要な要素となる。

遊牧民ユルックの社会では、去勢とともに種オスの生殖行動の積極的な管理と制御をおこなっている。この性の管理は、秋営地において顕著にみられる。秋営地に滞在中の九月初旬から中旬にかけての一〇日間から二週間ばかり、ヤギの群れのなかの種オス(テケ)だけを隔離して全体の群れとは別の場所で放牧する。この期間、五〜一〇頭の種オスの群れは夜も灌木などにつないで全体の群れから隔離される。この隔離の期間のあと、種オスは全体のヤギの群れにもどされ、日常的な放牧を再開する。種オスを全体のヤギの群れにかえすことを、カトゥムとよんでいる。カトゥムは、くわえる、まぜるという意味である。

種オスのテケを群れから隔離するのは、発情をかきたてて交尾行動を活発にさせることを目的としている。遊牧民ユルック側の希望は、群れのなかの妊娠可能なメスヤギに万遍なく種つけさせ、約五カ月後にすべてのメスヤギから子ヤギをえることである。種オスの隔離は、交尾期の到来をヤギの群れに深く確認させる方法ともいえるだろう。

種オスの隔離の時期は、ヤギの群れの夜間放牧をおこなう時期にほぼかさなっている。この時期は、その年に生まれた子ヤギの離乳期とも重複する。積極的に離乳をうながすために、子ヤギの群れを母ヤギの群れから隔離して放牧をおこなう。これらの重層的な行為は、ヤギの群れにおける交尾活動の活発化を促進する効果をねらったものといえるだろう。

遊牧民ユルックの認識によれば、ヤギの発情期の到来はその年の気象状況に左右されているという。九月の日中の最高気温が摂氏二〇度をきるほど冷涼になると発情期がはやまり、交尾活動がさかんになるとされる。ヤギの発情には、その年の気象状況とともに採食状態も関係しているともいわれる。とくに、メスヤギの採食状態が良好であれば発情の時期がはやまるとされている。

遊牧民ユルックの社会では、種オスの隔離のような交尾期をめぐる積極的な性の管理はヤギ群以外にはおこなわれていない。ヒツジの群れでは、種オスの数の制限がみられるくらいである。ウマの場合は、交尾期をめぐって性的にコントロールする手段はまったくとられていない。ウマの群れは、乗馬の必要がでたときに捕獲するくらいで、ほとんど放任の状態である。野生の状態にちかいといってよいくらいだ。遊牧民ユルックの観察によれば、発情したオスウマは近親相姦をさけるため自群をとびだし、よその群れのメスウマと交尾することがおおいという。

ウシとラクダの場合は、種オスをつれてきたり、種オスのところにつれていったりして種つけをすることがおおい。種オスのウシは、冬営地の近隣でみつけることが可能である。種オスのフタコブラクダのブフルは、冬営地から北東四〇〇キロメートルはなれた中央アナトリアのクルシェヒルから毎年の冬にきていた。このブフルが、冬営地の一帯で種つけをおこなっている。

移動の情景

遊牧民ユルックの生活の基盤は、家畜群と一体化した移動である。遊牧民における移動は、原則としてすべての世帯構成員とすべての財産、すべての家畜群とともに可動の住居(テント)をともなった行動となる。家畜群と一体化した全生活体系が、移動のうえに構成されているといってよいだろう。

わたし自身、一九七九年九月から約一年間にわたって遊牧民ユルックのなかで起居をともにしながら、移動をふくむ遊牧生活をつぶさにみることができた。この期間、秋営地(ギュズレ)からはじめて冬営地(クシュラ)、春営地(バハル・ユルドゥ)、夏営地(ヤイラ)にわたる年サイクルの移動を身をもって体験している。この貴重な体験が、遊牧の起源をかんがえるうえでの重要な基盤となった。

遊牧民ユルックの秋営地での滞在は、八月末から一〇月初旬である。秋営地での滞在期間は、その年の気象条件や秋営地での滞在をめぐる交渉状況などによってすこし前後することがある。秋営地はトルコ共和国のイスパルタ県の領域内にあって、トロス(タウロス)山脈東部の北麓に位置している。標高一六五〇メートルのところにある。テントをはって幕営した場所は、ちかくの村の休耕地である。

秋営地に滞在中は、夏営地につづいてヤギ、ヒツジ、ウシの搾乳がさかんにおこなわれ、チーズやバターなどの乳製品の製造が最盛期をむかえる。これらの乳製品の一部はちかくのまちの市場(パザール)などで売却されるが、その大部分は冬の生活にそなえて貯蔵する。秋営地での滞在が終わりになるころ、ヤギやヒツジの搾乳もおこなわれなくなる。ヤギやヒツジの乳が、でなくなるためだ。ウシの搾乳は、もうすこしあとまでつづくが、やがて終了する。

秋営地の滞在をきりあげるころになると、日中の気温が摂氏一〇度台に急激に低下する日がみられるようになる。このような時期がくると、ヤギの群れやヒツジの群れ、ウシの群れにどこかおちつかない様子があらわれる。遊牧民ユルックたちは、このような家畜たちのそわそわした状況を冬営地への移動の時期がちかづいたことをしっているからだと解釈している。ラクダの群れは、冬営地の所在する南の方向にしきりに首をのばし、口をあけて風のにおいをかぐしぐさをくりかえす。このようなときにほうっておくと、ラクダの群れは勝手に自分たちだけで冬営地へむけて移動を開始することがある。そのため、夜間にはラクダの前脚の一方をおりまげて紐でかたくしばっておく。すべての家畜群が、移動の時期をみずから知悉《ちしつ》してその用意をしているといえるだろう。

一九七九年一〇月一一日朝、秋営地から冬営地へむけて移動を開始した。ラクダの背にテントや家財道具などをむすびつけ、隊列を組んですすむ。ラクダの隊列と行動をともにするのは、ウシの群れとウマの群れである。ウマの一部は、騎乗用につかっている。ヤギの群れとヒツジの群れは、途中で採食をしながら別行動をとる。別行動をとったヤギの群れとヒツジの群れは、その日の露営地で再合流する。

おおくの場合、ラクダの隊列を中心としたその日の移動はほぼ半日でおえる。午後はやくにはその日の露営地につき、テントをはってヤギの群れとヒツジの群れの到着をまつ。露営地での滞在は一晩のことがおおく、つぎの朝には移動を再開する。長雨などの気象状況によっては、ひとつの露営地で複数日の滞在を余儀なくされることもある。秋営地から冬営地への移動は、毎日こうした日課のくりかえしである。

秋営地から冬営地への移動をおえたのは、一九七九年一一月三日であった。移動開始から二四日目に、冬営地に到着したことになる。移動の途中でテントをはった露営地は一三カ所、移動距離は約二二一キロメートルであった。秋営地と冬営地との標高差は、一六〇〇メートルちかくになる。

冬営地は、地中海沿岸のアンタリア近郊の厚い樹林に覆われた丘陵地帯にあった。テントは、樹海の切れ目の空き地にはる。家畜群の寝場所も、樹海のなかのいくつかの空き地に分散してもうけられている。おおくの家畜群は、これまで使用した寝場所をよく記憶していて、その場所にまっすぐむかおうとする。

冬営地では、家畜群は出産期をむかえる。ヒツジの出産は、冬営地に到着後まもなくからはじまり、翌年の五月までつづいた。出産のピークは一九八〇年一月で、全出産数の八割ちかくがこの月に集中した。ヤギの出産のピークは、二月と三月である。この期間に、全出産数の八割以上の子ヤギの誕生があった。ヤギの出産は、二月から五月までみられる。ウシの出産は、一月から三月のあいだだった。
冬営地に滞在しているあいだ、誕生した子ヒツジや子ヤギ、子ウシをそれぞれ収容するための仮小屋をつくる。この仮小屋を、クズルックとよんでいる。クズは子ヒツジ、ルックは場所をしめす接尾辞である。クズルックは、マツや灌木の小枝や葉を材料に組みあげた長径五メートル、短径二・五メートルくらいの仮小屋だ。屋根の部分に、ヤギの毛で織った敷物やビニールをかぶせる。寒さと雨をしのぐためである。子ヒツジや子ヤギ、子ウシは、夜間などこのクズルックですごす。クズルックは、母子隔離の機能もはたしているわけである。

おおくの場合、冬営地における幕営地は三回から五回移動する。その移動の距離は、数十メートルから数キロメートルである。おなじ冬営地内での移動の理由は、家畜の寝場所の連続的な使用によって発生するダニなどの被害を回避するためと子どもの家畜の成長に対応した空間を確保するためである。遊牧民ユルックのあいだでは、秋営地から冬営地へ到着したあと二〜三カ月間すごす幕営地をクシュ・ユルドゥ(冬の幕営地)、二月初旬ころから約二カ月のあいだ滞在する幕営地をバハル・ユルドゥ(春の幕営地)、四月末ころから夏営地に移動するまで滞在する幕営地をヤズ・ユルドゥ(夏の幕営地)とよびわけている。

バハル・ユルドゥに滞在するころから、ヒツジの搾乳が本格化する。ヤギとウシの搾乳は、ヤズ・ユルドゥに移動してから活発化した。出産期のずれが、搾乳時期のずれに対応しているわけである。搾乳後の乳は、ほとんど乳製品に加工される。

冬営地のヤズ・ユルドゥに滞在中の五月にはいると、日中の気温が急激に上昇しはじめる。五月中旬をすぎると、最高気温が摂氏三〇度をこす日もおおくなる。周辺の草が、みるみるうちに枯れた。このころになると、ヒツジもヤギもウシもあきらかに落ちつかない態度をみせはじめる。夏営地への移動の時期がきたことを、家畜たちがよくしっていることを反映した行動である。これは、秋営地から冬営地への移動直前に家畜たちがしめしたそわそわした様子と同一のふるまいといえるだろう。

一九八〇年五月末に、冬営地から夏営地への移動をはじめた。移動開始の早朝、ヒツジの群れやヤギの群れはいつもは一時間くらいかけて通る放牧路を一五分くらいでかけぬけている。ヒツジの群れやヤギの群れが、夏営地への移動に心おどらせている様子が如実につたわってくる情景といえるだろう。

家畜たちが移動に心おどらせている情景を物語る話のひとつとして、一九七〇年代はじめのできごとがつたえられている。この年さまざまな所用のため夏営地への移動がおくれていたところ、ある日遊牧民ユルックの一世帯のウシの群れが忽然と姿をけしてしまった。ウシの群れが姿をけして一〇日後に夏営地への移動を開始し、道の途中で尋ねると牧夫のついていないウシの群れが北上していったという情報を確認することができた。十数日間の露営をかさねて夏営地に到着すると、姿をけしたウシの群れが悠々と草をはんでいる姿を目にしている。ヒトの介入がなくても、ウシの群れだけで冬営地から夏営地への移動をおこなっていたわけである。二〇〇キロメートル以上におよぶ移動路を、ウシの群れは熟知していたのだ。移動路についての情報は、ウシの群れだけでなくほかの家畜群すべてにも共有されているといえるだろう。

夏営地には、一九八〇年六月一五日に到着した。冬営地から移動をはじめて、一六日目に夏営地についたことになる。移動の途中の露営地の数は一三カ所、移動距離は二〇七・五キロメートルであった。タウロス山脈のなかの盆地状の高地に位置する夏営地の標高は、二〇〇〇メートルをこえる。夏営地のなかでも、二回幕営地をかえて移動している。

夏営地では、乳製品の加工をさかんにおこなうとともに、ラクダやヤギ、ヒツジの剪毛《せんもう》をする。ヒツジの剪毛は、冬営地と秋営地でもおこなう。ヤギの毛はテント地や敷物、ラクダの毛は敷物、ヒツジの毛は袋やフェルトなどに加工される。

七月下旬になると、高地に位置する夏営地の気温が急速に低下する。一九八〇年八月二日には、夏営地から秋営地に移動した。移動距離は、二〇キロメートル弱であった。前年の秋営地から一年後の秋営地までの年間の移動距離は、総計四四八・五キロメートルになる。

(1) チョバン(牧夫)の手首とヒツジの脚を紐でむすびあった状態のことを、バジャク・トゥトゥマ(脚むすびの意)という。バジャク・トゥトゥマの相手のヒツジを、エルジメンとよぶ。エルジメンは、チョバンがもっとも信頼をよせるヒツジである。

松原正毅『遊牧の世界』上、中公新書、一九八三年、四二～四三頁(平凡社ライブラリー版、二〇〇四年、五二頁)。

(2) F・F・ダーリング、大泰司紀之訳『アカシカの群れ』思索社、一九七三年、二二九～二三一頁。

(3) 梅棹忠夫「ダトーガ牧畜社会における家族と家畜群」『アフリカ研究　梅棹忠夫著作集　第8巻』中央公論社、一九九〇年、二六三～三一〇頁。

この論文の初出は、梅棹忠夫「Datoga 牧畜社会における家族と家畜群」川喜田二郎・梅棹忠夫・上山春平編『人間——人類学的研究　今西錦司博士還暦記念論文集3』中央公論社、一九六六年、四二三〜四六三頁である。

（4）梅棹忠夫「ダトーガ牧畜社会における家族と家畜群」三〇三頁。

（5）同上、三〇七頁。

（6）Sevyan Vainshtein（edited and with an introduction by Caroline Humphrey）, *Nomads of South Siberia*, Cambridge University Press, 1980, pp. 30-31.

第4章

遊牧の起源

フェルト作り．中国新疆アルタイ山脈にて．1993年7月．
松原正毅撮影，国立民族学博物館蔵

放牧の原風景

家畜群の放牧には、牧夫の随伴が自明なことのようにおもわれる。放牧に牧夫が随伴するのは、はたして不可欠な行動といえるのだろうか。ヒト側の視点からは、放牧における牧夫の随伴は当然な行為とかんがえられることがおおい。家畜群の安全をまもり、家畜群の採食を適切にみちびき、家畜群を適正に管理するうえで、牧夫が必要な役割をはたしているとするわけである。

家畜群側からみれば、放牧における牧夫の随伴はかならずしも不可欠な要素とうけとられていないのではないだろうか。家畜群の安全、採食、管理は、いずれも家畜群側から積極的にヒト側に依頼するような要素とはかんがえられないからだ。これらの要素は、家畜群ができる範囲内で自律的に対応しているものである。牧夫の随伴がなくても、対応の可能な要素といえる。

遊牧民ユルックの社会で、ウマの群れにおいて牧夫の随伴のない放牧が年間を通じておこなわれている。各営地間の移動などで乗馬の必要が生じたときに、自由に生活しているウマの群れのなかから数頭を投げ縄などで捕獲してテント地につれてくる。これらのウマに鞍や轡《くつわ》などの乗馬用の道具を装着して、騎馬での用事をすませるわけである。騎乗用の調教をジェレプ(三〜四歳の子ウマ)の段階でおこなう以外は、ウマの行動への束縛はほとんどみられない。それでも、ひとつの世帯の構成員と所有するウマの群れとのあいだの共生関係の相互認識は確固として存在している。

遊牧民ユルックの社会では、ウマ以外のヤギ、ヒツジ、ウシ、ラクダの群れの放牧には牧夫がかならず随伴している。これらの放牧における牧夫の随伴の理由として強調されるのは、家畜群の安全の確保や適切な採食への誘導にまして管理の必要性である。家畜群の管理の必要性が強調される背景には、遊牧民ユルックの社会がおかれている政治的・社会的状況の大きな変化が深くかかわっているといえるだろう。

一九二三年に独立を達成したトルコ共和国では、さまざまな面で近代国家制度の形成が急速に進行する。近代国家制度の形成の一環として推進されたのが、遊牧民の定住化政策である。一九三四年六月に公布・施行された定住化法(イスキャン・カヌヌ)は、遊牧民ユルックの社会組織と既得権を法的に解体するうえで決定的な力となっている。この定住化法によって、父系血縁制にもとづいた遊牧民ユルックの社会組織(アシレット)が禁止・撤廃され、慣習法的にみとめられていた夏営地などの遊牧領域としての権益が全面的に否定された[1]。定住化法は、年を追うごとに法的に強化されてゆく。

一九五〇年以降、遊牧民ユルックの定住化へむけた政策が強権的に実施されてゆく。一九五〇年代からは、森林法の施行によって山岳地帯の大部分が国有地化されたため、その領域内での放牧が原則的に禁止された。それにくわえて、大型トラクターなどの導入によって耕作地が飛躍的に拡大し、土地の登記が進行したため自由に利用できる放牧地が消滅してゆく。こうした状況のなかで、多数の遊牧民ユルックは定住化を余儀なくされていった。それでもなお遊牧生活の持続を選択したユルックの一部は、強力な制約の壁に直面せざるをえなくなった。強力な制約の壁の主要な部分は、拡大した耕作地と国有地化された森林地帯であった。この領域での放牧が原則として禁止されたため、家畜群のたちいりをみずから規制しなければならなくなったのである。この自主規制を維持するため、放牧における家畜群の管理を強化せざるをえなくなった。家畜群への牧夫の随伴が、以前にはみられなかったほど必然的な行為となっていったわけである。

放牧における家畜群への牧夫の随伴の有無や強弱は、遊牧社会の歴史的な状況や生活空間の条件などに対応して変化する。遊牧が成立するまでの歴史をさかのぼればさかのぼるほど、牧夫が随伴した家畜群の放牧という風景をみることは絶無にちかいものであったであろう。遊牧の成立した時点では、動物群の家畜化という現象は存在しなかったからである。野生の有蹄類の動物群への現生人類の随伴はあったにしても、それは放牧という行為ではなかったであろう。有蹄類の動物群が野生状態にあるとき、採食行動はすべて自律的におこなわれる。有蹄類の動物群が家畜化されたあとも、遊牧社会のなかではその採食行動は原則として自律的におこなわれることがおおい。放牧という観念のなかで、採食行動に牧夫が介入する場面はきわめて限定的といえるだろう。

現時点において、家畜群の放牧に牧夫がほとんど随伴しない地域がいくつかみられる。そうした地域のひとつは、中華人民共和国の新疆北部のアルタイ山脈内部の地帯である。アルタイ市から北東に約一五〇キロメートル山脈の内部に深くはいりこんだジャガスタイ付近のカザフ人の夏営地では、数百頭のヒツジの群れの放牧に随伴する牧夫の姿をみかけることはほとんどなかった。ヒツジの群れ(ごく少数のヤギも混在)は、夜明けとともにキギズ・ウイ(フェルト製の円形のテント)ちかくの寝場所をおきだし、自律的にその日の採食にでかける。午前中から午後にかけて、数カ所の適当な場所で群れの状態をたもった形で採食をつづける。採食をすませた夕暮れどきになると、ヒツジの群れは朝に出発した寝場所にかえる。朝の出発から採食をして夕方の帰還まで、牧夫の介入はまったくない(2)。

アルタイ山脈中のジャガスタイなどの夏営地では、ヒツジの群れだけでなくウシの群れやウマの群れ、ラクダの群れの放牧にも牧夫が随伴することはほとんどない。ウシの群れとウマの群れでは、搾乳をおこなうための牧夫の介入が最小限の範囲内でみられる。ここでは、母と子の群れを分離することはほとんどおこなわれていない。子ウシにはボール紙でつくった口がせを鼻さきにつけて、自由に母ウシの乳を飲むことを妨害している。搾乳の時間がくると、ウシもウマも子群をまず捕獲して、それらに対となる母群を確保する作業をおこなう。この一連の作業のため、牧夫の介入が必要になっている。

アルタイ山脈中のカザフ人社会の生活空間の条件は、遊牧民ユルックの社会のそれとずいぶん異なっている。とくに、耕地の耕作物をめぐる農耕民との軋轢《あつれき》の有無が、家畜群の放牧における牧夫の随伴の必要性に大きな影響をあたえているようだ。農耕民との軋轢がほとんどみられない生活空間では、家畜群の放牧への牧夫の随伴の必要性が大きく軽減されているわけである。この筋道のうえでかんがえると、放牧の原風景にはほとんど牧夫の姿は登場しないといってよいかもしれない。そこでは、牧夫が随伴する放牧という風景そのものがなかったとかんがえるべきであろう。

野生動物群との共生

牧夫が随伴する放牧という風景が出現するまでには、ながい時間が経過していたとかんがえられる。

その経過した時間がどれくらいであったか、それを確証できる証拠を入手することは困難である。それでも、遊牧の起源を現生人類と野生動物群との共生を起点にかんがえるとき、牧夫の随伴する放牧という風景の出現まで数万年の時間の経過した可能性が浮上してくる。

現生人類と野生動物群との共生は、どのような過程をへて実体化していったのであろうか。当然のことながら、現生人類と野生動物群との共生が実体化するためには、さまざまな条件が適切な形で組みあわさることが不可欠といえる。もっとも重要な条件は、現生人類と野生動物群とのあいだに相互的な親和性が存在するかどうかということになるだろう。現生人類側からみれば、野生動物群が単に狩猟対象だけに限定されていないことが重要になる。こうした条件がととのうのは、ある意味で稀な事例といえるかもしれない。

誕生以来すくなくとも十数万年にわたって現生人類が生活の場としてきたアフリカ大陸において、野生動物群との共生の兆候をみいだすことは可能であろうか。アフリカ大陸においては、多種の野生動物群がみられる。野生動物群のなかで、家畜化において現生人類とのかかわりが問題となる有蹄類の種類もおおい。有蹄類のなかの偶蹄目ウシ科に属するアフリカ原産の動物には、ヌー、エランド、インパラ、トムソン・ガゼル、ローンアンテロープなどがいる。これらのレイヨウ類に包括されることもある動物は、いずれも草食性で群れをなし、移動性のたかい生活をおこなっている。

ヌーは、乾季と雨季の境目に千数百キロメートルにおよぶ大移動をおこなう。これは、数万頭から数十万頭におよぶ大群による移動である。乾季から雨季へむかう移動のなかでは、オスを中心とした小集団が構成され、さかんな繁殖活動がみられる。雨季をむかえた移動地で、出産がおこなわれる。

移動するヌーの群れのなかには、トムソン・ガゼルやシマウマの群れなどが混入して共同行動をとることがある。

異なる種のあいだで混合群をつくる事例は、エランドでもみられる。エランドが混合群をつくる相手は、シマウマやローンアンテロープの群れである。ローンアンテロープでは、出産後四〜五週間くらい母と子は別群で暮らし、夕暮れどきになると母が子のところにきて授乳する。野生状態にあっても、授乳期間における母子分離の事例がみられるわけである。この期間をすぎると、子群は全体の群れに合流して行動をともにする。

ウシ科のヌーやエランドなどと混合群を構成するシマウマは、有蹄類のなかの奇蹄目ウマ科に属するアフリカ原産の野生動物である。シマウマは、草食性で数十頭から数千頭の群れをなす。ウシ科の野生動物とだけでなく、偶蹄目キリン科のキリンと混合群を構成することもある。野生動物のあいだで、異種間の群れのあいだで柔軟な集団構成がおこなわれていることに注目する必要があるだろう。

アフリカ原産のウシ科やウマ科の野生動物と現生人類との関係は、どうであったろうか。両者のあいだに共生関係の存在を示唆するような現象は、これまで観察されていない。アフリカ原産の野生動物で家畜化されたものは、アフリカノロバを原種とするロバだけである。ヨーロッパ諸国がアフリカ大陸を植民地化したあと、シマウマの家畜化のこころみがさまざまおこなわれたが、ほとんど成功していない。シマウマの気性があらく、現生人類との親和性が欠落していたことが、成功しなかった理由といわれている。

シマウマだけでなくアフリカ原産のウシ科の野生動物にも、現生人類との親和性は欠落していたといえる。アフリカ原産のウシ科の野生動物のなかで、家畜化にまでいたる現生人類との共生関係が存在したものはまったくないからである。エランドの場合、一九四八年になって、ウクライナなどで家畜化のこころみがおこなわれ、搾乳もされている。エランドなどにおいては、潜在的には現生人類との共生を通じて家畜化にいたる可能性はあったにもかかわらず、それが現実化することはなかったわけである。その理由は、アフリカ原産のウシ科の野生動物と現生人類との親和性が欠落していたことにつきるだろう。

アフリカ大陸において、現生人類がウシ科やウマ科の野生動物群と共生関係を構築するこころみがまったくなかったかどうかについて確認できる手だてはない。かりに共生関係を構築するこころみが一時的にあったとしても、それが持続しなかったことは確実といえるだろう。野生動物群の群れ構成において異なる種をうけいれる柔軟性があることを前提にすれば、ここに現生人類がはいりこめる可能性はある程度かんがえられるだろう。たとえば野生動物群の移動の流れのなかに、現生人類の小集団が混入する機会はありえたとおもわれるからである。それが現生人類側の狩猟活動を主目的にしていたとすれば、当然ながら持続的な関係とはなりえない。野生動物群側は、狩猟圧を感じて現生人類との共生を忌避するであろう。

野生ヤギ・野生ヒツジ群との共生

現生人類がアフリカ大陸をでてユーラシア大陸に本格的に展開をはじめるにあたって、最初にその足跡をしるしたのは西アジアであった。西アジアには、ウシ科ではあるがアフリカとは異なる野生動物群が棲息している。それらのなかでもっとも代表的な種は、ヤギとヒツジである。のちに家畜化されたヤギとヒツジの原種となる野生種は、いずれも西アジア原産とされている。とくに、家畜化されたヤギの原種のもともとの分布域は、トルコのトロス(タウロス)山脈からイランのザグロス山脈にかけての地域とかんがえられている。家畜化されたヒツジの原種(アジアムフロン種)の分布域は、西アジアを中心として中央アジアにまでおよぶ地域とされる。

第2章でふれたスペンサー・ウェルズ説(四四〜四五頁の図参照)によれば、現生人類が西アジアに到達するのが約五万年前、中央アジアにまで展開するのが約四万五〇〇〇年前とされている。この年代にどこまで妥当性をみとめるかを決定することは困難であるが、現生人類のユーラシア大陸における拡散の時期を把握するうえで一応の目安としてかんがえておくことは可能であろう。このスペンサー・ウェルズ説を前提とすれば、現生人類はすくなくとも四万五〇〇〇年前の前後にヤギやヒツジの野生種群に遭遇していたとかんがえてよいだろう。

現生人類とヤギやヒツジの野生種群との遭遇がどのような形でおこったかについて、確認できる資料はまったくのこされていない。それでも、のちに両者のあいだで家畜化という事象が進行した点をみれば、両者の遭遇がある意味で肯定的な形で現実化したことは確実といってよいだろう。すくなくとも、現生人類とヤギやヒツジの野生種群が遭遇した時点で、相互的に友好的な関係であったとおもわれる。ヤギやヒツジの野生種群が現生人類側の一方的な狩猟対象だけの存在であれば、持続的な忌避関係になっていたからである。かりに両者が忌避関係や敵対関係にあれば、共生関係は成立しなかったであろう。

家畜化が形成されてゆく前史として、現生人類と野生動物群とのあいだの長期的な共生関係の継続が不可欠であったとかんがえられる。野生動物群を群れごと家畜化してゆくためには、安定した共生期間が必要だからである。現生人類側の一方的な強制力だけでは、家畜化の形成は困難といえる。現生人類と野生ヤギ群や野生ヒツジ群との共生関係は、どのような過程をへながら構築されていったのであろうか。

そのような共生関係の成立のためには、両者の親和性の有無や強弱が深くかかわっていたといえる。アフリカ原産のウマ科やウシ科の野生動物群と現生人類との親和性が弱かったのに対し、西アジア原産の同様な野生動物群と現生人類との親和性が強かったわけである。現時点では、野生動物群と現生人類との関係における地域的な差がどうして生じてくるのか、明快な説明をおこなうことは困難である。その背景には、それぞれの地域の野生動物群が背負っている歴史の関与があることが充分にかんがえられるであろう。

第3章の家畜の「認識体系の共有範囲」の項で詳述したように、遊牧民ユルックのなかで全家畜群を個体レベルで把握しているのは女性たちである。母系血縁制を基盤にした個体名の付与において積極的に主導的な役割をはたしているのは、女性にくわえて子どもたちであった。遊牧民ユルックだけでなくおおくの遊牧社会で、ひとつの世帯に所属するすべての家畜群(五畜)を個体レベルにくわえて系譜関係にいたるまで詳細に掌握しているのは女性たちといえるだろう。それだけ、家畜群と世帯構成員のなかの女性や子どもたちとの親和性がきわめて強いわけである。

現生人類と野生ヤギ群や野生ヒツジ群との共生関係の形成において、現在の遊牧社会のなかでみられる家畜群と女性や子どもたちとの強い親和性が決定的な役割をはたした可能性がたかいとかんがえられる。家畜群と女性や子どもたちとのあいだに存在している強い親和性が、最近になって突然表出してきたものではないからである。この両者のあいだの強い親和性は、ながい遊牧社会の歴史を通じて脈々とうけつがれてきたといえるだろう。家畜群と女性や子どもたちとのあいだの親和性は、野生動物群と現生人類の女性や子どもたちとの遭遇時までさかのぼってみられたものとおもわれる。

西アジアにおいて現生人類の小集団と野生ヤギ群や野生ヒツジ群とが遭遇したとき、両者のあいだでは穏やかで友好的な出会いの光景が展開されたであろう。遭遇の当初からおたがいに敵対心や過度な警戒心はなく、ごく自然で平和的な両者の交流関係がみられた可能性が強い。野生ヤギ群や野生ヒツジ群にはもともと強い好奇心があり、異なる種を群れにうけいれる許容力があった。現生人類の女性や子どもたちにも、本来的に強い好奇心と豊かな許容力がそなわっている。こうした両者の共通の基盤のうえに、やがて共生関係の構築がおこなわれていったのである。この共生関係の構築が、遊牧の起源に直結してゆくわけである。

遊牧の形成

現生人類と野生ヤギ群や野生ヒツジ群との共生関係の構築は、ゆるやかな速度ですすんでいったであろう。両者が遭遇してから共生関係の構築にいたるまで、数世代から十数世代の時間の経過があったかもしれない。両者のあいだでの相互認識の確立に、相当な時間が必要であったとかんがえられるからである。

現生人類と野生ヤギ群や野生ヒツジ群が無数の遭遇をくりかえすなかで、相互に親和性を確認しあう行動が重層化していった。こうした過程のなかで、現生人類が野生ヤギ群や野生ヒツジ群と行動をともにする機会と時間が着実に増加していったであろう。当初は偶発的な遭遇であったものが、意識的な接触に移行していったわけである。やがて野生ヤギ群や野生ヒツジ群の移動に現生人類の小集団が随伴したり、現在の夜間放牧でおこなっているように群れのなかで睡眠をともにする行動もみられるようになった。こうしたゆるやかな過程をへながら、現生人類と野生ヤギ群や野生ヒツジ群との共生関係の構築が進展してゆく。

両者の共生関係の構築は、明確な実利的目的をもっておこなわれたものではないであろう。共生関係の構築によって、相互的に居心地のよさを享受できたということが大きな利益とされた可能性は強いとかんがえられる。共生関係の継続のなかで、オオカミなどの肉食獣の攻撃に協同して対処する場面もみられたであろう。現生人類が、事故死した野生ヤギ群や野生ヒツジ群の個体を食糧として獲得する機会もあったとおもわれる。しかし、現生人類が野生ヤギ群や野生ヒツジ群を全面的な狩猟対象としていなかったことは確実といえる。かりに現生人類が野生ヤギ群や野生ヒツジ群を全面的な狩猟対象としていたとしたら、両者の共生関係の持続は不可能であったからである。

現生人類と野生ヤギ群や野生ヒツジ群との共生関係の構築は、それぞれ特定の集団のあいだのむすびつきに展開することによって安定性と強固さをましていったとおもわれる。特定の現生人類の小集団と特定の野生ヤギ群や野生ヒツジ群のむすびつきが、それぞれ世代をこえて継続してゆく経過を通じて強化されてゆくわけである。もちろん、時の流れのなかで現生人類の集団においても野生ヤギ群や野生ヒツジ群においても、構成メンバーや構成形態の大きな変動がみられたはずである。それでも、両者の共生関係は一貫して継続されてゆく。この共生関係の持続性のなかに、遊牧の起源の芽生えを確認することができるであろう。

現生人類が共生関係の相手としてえらんだのは、野生ヤギ群が先であったのか野生ヒツジ群が先であったのかという疑問がのこる。手がかりとなる資料が皆無のためこの疑問にこたえるのは困難であるが、ほとんど同時期に現生人類との共生関係の対象として両者ともえらばれた可能性が強いとかんがえておくことができるであろう。野生ヤギ群と野生ヒツジ群は、両者とも長距離の疾走はしないので、現生人類が接触をこころみやすかったこともある。おそらく、現生人類は野生ヤギ群や野生ヒツジ群との共生関係の構築をある程度確立したうえで、のちに大型の家畜となる野生ウシ群や野生ウマ群、野生ラクダ群との共生関係の構築のこころみに踏みだしていったのであろう。

現生人類と野生ヤギ群や野生ヒツジ群との共生関係が持続するなかで、現生人類は野生ヤギ群や野生ヒツジ群の習性や行動規範を深くまなんでいったはずである。野生動物群がどのような場所でどのような草や葉を採食しているか、どのような季節や天候のもとでどのような範囲内で移動や活動をおこなっているか、現生人類は野生動物群についての詳細な情報と知識を蓄積してゆく。この情報と知識は、現生人類のなかで世代をこえて継承され、蓄積の厚みをましていった。両者の共生関係の状況は、昼間から夜間まで常時ともに行動する形態から一日のなかの数時間をともに行動する形態まで多様であったかもしれない。その共生関係の状況が多様であったにしても、野生動物群についてのさまざまな情報と知識は現生人類のなかに確実に共有されていった。

両者の共生関係が深化するとともに、現生人類のなかで野生ヤギ群や野生ヒツジ群のさまざまな特徴や形質についての認識が深まっていった可能性が強いとおもわれる。現在の遊牧社会でひろくみられる性的成熟度や成長にもとづく家畜名称体系や耳や角の形状や体毛の色や模様にもとづく識別体系の萌芽が、この段階で存在していても不思議ではないくらいである。当時の女性や子どものあいだでは、密着度のたかい野生ヤギ群や野生ヒツジ群に個体名を付与していた可能性さえかんがえられるであろう。それだけ、野生動物群と現生人類の女性や子どもとのあいだの情緒的な距離がちかかったといえるかもしれない。

搾乳の開始と遊牧の起源

現生人類と野生ヤギ群や野生ヒツジ群との親密な共生関係が継続するなかで、搾乳の技術の開発がおこなわれた。出産期の野生ヤギ群や野生ヒツジ群のなかで現生人類がすごす経験をつみかさねる過程を通じて、搾乳と乳の利用がはじまったことは確実といえるだろう。野生ヤギ群や野生ヒツジ群の乳を現生人類が利用する行為が偶然にはじまったのかどうか、明瞭に断定できる根拠はない。偶然性の可能性を完全に排除することはできないが、乳の利用には両者の長期的な共生関係の継続を前提にすればある程度の必然性の可能性があったとかんがえておくほうがよいとおもえる。野生ヤギ群や野生ヒツジ群の乳を利用する強い動機づけのひとつとして、共生関係のなかで現生人類の食糧として乳を活用する知恵が生まれでる可能性が大きかったからである。もうひとつの動機づけとして、現生人類の乳飲み子に必要な不足分の乳をおぎなう目的もあったかもしれない。

野生ヤギ群や野生ヒツジ群の乳を利用するにあたって複数の動機があったにしても、搾乳に主導的にかかわったのは現生人類の女性たちであったことは確実といえるだろう。それだけ乳をめぐる事象と女性のむすびつきは、強固だからである。遊牧民ユルックをふくめて現在観察されている遊牧社会の民族誌的事例のなかで、ヤギやヒツジの搾乳の仕事に従事しているのはすべて女性である。ヤギやヒツジの搾乳に男性が参入するのは、ごく補助的か例外的な部分に限定されている。歴史的に一貫して、乳をめぐる事象には女性が中心的な役割をはたしてきたわけである。

野生ヤギ群や野生ヒツジ群の乳は、搾乳という人為的な行為が開始された時点から間隔をおくことなく乳製品の形に加工されていた可能性が強いとおもわれる。この乳製品の加工の仕事も、すべて現生人類の女性の手によっておこなわれている。最初の乳製品として加工されたのは、ヨーグルトであった可能性がもっともたかいであろう。西アジアでは多様なヨーグルト菌が自然状態で存在しているので、なんらかの容器に搾乳した乳をしばらくのあいだ保持しておくとヨーグルトが自然にできる。搾乳した乳をしばらくのあいだ保持しておく容器としては、野生ヤギや野生ヒツジの皮や野生ウシの角などの利用のあったことが想定される。

野生ヤギや野生ヒツジの乳を加工したヨーグルトは、そのままの形で食用に供することもできたであろう。ヨーグルトを皮製の容器などにいれた状態で乾燥させ、保存食糧の一種として利用する方法もあみだされた可能性が充分にかんがえられる。こうした形の乳製品の加工であれば、土器製や木製の容器がなくても遊牧生活のなかで不自由なく対応できたわけである。基本的に、遊牧生活は多種類の道具を必要としない構造になっている。

群れのなかで病死や事故死した野生ヤギや野生ヒツジの皮を、皮袋に加工して水の貯蔵用などさまざまな用途につかう工夫は共生関係の継続のなかで、はやくから開発されていた可能性もある。かりにそのような皮袋の開発がされていたとすれば、それを搾乳用と乳の加工用に転用することは容易であったといえるだろう。現在でも西アジアなどでひろくみられるヤギやヒツジの皮袋のなかに数日分のヨーグルトをためて、皮袋ごと左右や前後にゆらしてバターなどの乳製品を加工する方法の起源も、この時代までさかのぼるほど古いものかもしれない。

レンネット酵素を使用したチーズ類の製造も、搾乳の開始後からそれほど時間をおかないでおこなわれた可能性もある。自然死や事故死した授乳中の野生子ヤギや野生子ヒツジの胃のなかで、乳が凝固した状態で存在することを観察する機会のあったことが充分に想定できるからである。胃と乳の凝固との連動から、チーズ類の加工への展開はそれほど困難なことではなかったであろう。バターやチーズなどの乳製品の製造量には制約があるにしても、それを入手して利用することはかなりはやくからおこなわれていたとかんがえてよいといえる。

女性を中心に展開した野生ヤギ群や野生ヒツジ群の搾乳と乳製品の加工は、確実に遊牧の起源に直結したといってよいだろう。現生人類と両者との共生関係の継続のなかで、遊牧は萌芽的に成立していたといえる。長期にわたる両者の共生関係を基盤にして出現した搾乳と乳製品の加工技術は、現生人類側の生活を以前にくらべて格段に安定的にする効果をもたらしたことはたしかであろう。加工した乳製品を確保することによって、比較的に安定した食生活の維持が可能になったからである。この時点で、遊牧の成立と持続性を確認することができるであろう。

野生ヤギ群や野生ヒツジ群の搾乳と乳製品の加工と遊牧の起源を、いつの時代に想定するのが妥当であろうか。もちろん、この時期を断定できる資料や手がかりは皆無といってよい。それでも、論理的な仮説として遊牧の起源の時期をかんがえておく必要があるだろう。わたし自身は、西アジアにおいて出アフリカの現生人類が野生ヤギ群や野生ヒツジ群とはじめて遭遇した四万五〇〇〇年前後を前提にかんがえれば、その遭遇から一万年前後の時間が経過した時期であった可能性がたかいとおもっている。場合によっては、それよりはやい数千年の時間が経過した時期であったかもしれない。いずれにしても、現生人類の小集団と両者との共生関係の形成から遊牧の成立にいたるまでには長期的な時間が必要だったといえる。

野生ヤギ群や野生ヒツジ群との共生関係を基盤に成立した遊牧の展開のなかで、乳製品の加工という新しい技術がくわわることによってひきおこされた影響は大きい。共生関係の持続をおこなうと同時に、乳量のおおさや多産などを指標にした選択や選別のかんがえが徐々に形成されてゆくからである。ゆったりとした時代の流れのなかで、野生の動物群を家畜化へとむかわせる方向性があらわれてくる。搾乳の開始が、家畜化への引き金となったといえるかもしれない。

野生ウシ群との共生

現生人類と野生ウシ群との共生は、いつどのような形ではじまったのだろうか。現生人類と野生ウシ群の共生は、野生ヤギ群や野生ヒツジ群との共生を通じてえた豊富な経験を基盤としながら推進された可能性がたかいとかんがえられる。そうした経験の蓄積がないままで、野生ウシ群との共生をこころみるには多大な困難がともなったからである。

野生ウシ群との共生には、野生ヤギ群や野生ヒツジ群との共生とは異なる困難さが存在したであろう。共生の困難さをもたらす要因のひとつは、野生ウシの体格の大きさである。野生ウシは、野生ヤギや野生ヒツジの数倍の体格をもっている。それによって野生ウシには威圧感が生じるため、接近距離を群れとのあいだに持続するうえで多少の困難さをともなったかもしれない。それでも、野生ウシ群がのちに家畜化まですすむのは、本来的に現生人類との親和性が存在していたからといえるだろう。すくなくとも、両者のあいだには決定的な忌避関係はなかったわけである。

家畜化されたウシの原生種は、オーロックスとされている。オーロックスは、現生人類がアフリカ大陸をでて西アジアに展開した時点で、ユーラシア大陸にひろく棲息していた。野生ヤギ群や野生ヒツジ群との共生関係を構築した現生人類は、このオーロックス(野生ウシ)と遭遇する機会がおおくあったわけである。オーロックスの頭数は、家畜化ウシの増大につれて、急激に減少してゆく。最終的には、一六二七年にポーランドに棲息していた最後の一頭が死亡して、オーロックスは絶滅したといわれる。

現生人類と野生ウシ群との共生関係は、どのような道筋をたどりながら構築されていったのであろうか。現在の遊牧社会のなかのウシ群の行動を参照すれば、野生ウシ群が間断なくうごきまわっていたわけではないことが充分に類推できる。野生ウシ群は、現生人類が追跡できないほどの速度で長距離にわたって疾走することはない。採食の行動も、ゆったりしたものであっただろう。採食中や休息中の時間をえらべば、現生人類との接触は比較的に容易であったといえるだろう。

現生人類と野生ウシ群との共生は、あらゆる接触の機会をふまえた相互的な認識からはじまったであろう。おそらく、その認識は相互的な個体識別のレベルにまで達する。こうした状態は世代をこえて継続し、ゆるやかな共生関係が構築されてゆく。ゆるやかな共生関係をむすんだ野生ウシ群に対しては、現生人類側の積極的な狩猟行動は抑制されていたであろう。現生人類と野生ウシ群とのあいだの密着度は、野生ヤギ群や野生ヒツジ群とのあいだと比較するとゆるやかであったとおもわれる。遊牧民ユルックのなかでみられるヤギ群やヒツジ群における夜間放牧のような密着度のたかい関係は、ウシ群に対してはみられないからである。

現生人類と野生ウシ群との共生関係は、野生ヤギ群や野生ヒツジ群の搾乳の開始以降にすこしずつ変化する。野生ウシ群の搾乳のこころみが、長期にわたって辛抱強くつづけられたであろう。野生ウシの乳量は、野生ヤギや野生ヒツジにくらべて圧倒的におおかったからである。乳量のおおさは乳製品の加工量のおおさに直結するので、野生ウシの搾乳は遊牧をはじめた現生人類にとってはたいへん魅力的なものであったはずである。それでも、野生ウシの母子をセットとして催乳から搾乳にいたる一連の作業過程を確立するまでには、かなり長期の時間を必要としたであろう。

野生ウシ群との共生関係を、野生ヤギ群や野生ヒツジ群との共生関係と同時並行的に継続するには、ある程度の困難さがともなった可能性がかんがえられる。野生ウシ群と野生ヤギ群や野生ヒツジ群の日常的な行動域が、かならずしも一致しないからである。野生ウシ群と野生ヤギ群や野生ヒツジ群の行動に対応するためには、現生人類側の集団を分割する必要があったであろう。あるいは、野生ヤギ群や野生ヒツジ群を基盤に遊牧生活をいとなんでいた現生人類の集団の一部が、野生ウシ群との共生から搾乳の過程への展開をこころみたのかもしれない。

野生ウシ群との共生から搾乳の過程への展開が、どの時期におこったかを確定することは困難である。それを確定するための手がかりとなる資料が、皆無といえるからである。それでも、さまざまな状況を組みあわせてかんがえると、野生ウシの搾乳の開始の時期が、野生ヤギや野生ヒツジの搾乳の開始から数千年以上の時間が経過してからであった可能性があるだろう。安定した野生ウシの搾乳を実現するためには、たゆみない現生人類側の工夫と努力のつみかさねが不可欠であったとおもわれる。このたゆみない工夫と努力の中心的役割を担ったのは、女性たちであったのは確実といえる。

野生ウシの搾乳の開始は、野生ウシ群の家畜化へむけたあゆみを加速化するはたらきをもたらしたであろう。この影響は、野生ヤギや野生ヒツジの家畜化の進行にも強くおよんでいる。家畜化が進行するなかで、ヤギ群やヒツジ群とウシ群をまとめたなかでの遊牧生活をいとなむことが可能になっていったわけである。

野生ウマ群との共生

現生人類と野生ウマ群との共生は、野生ヤギ群や野生ヒツジ群、野生ウシ群との共生よりもずっとのちの時代にこころみられたものであろう。野生ウマ群との共生がおくれた理由のひとつには、野生ウマの乳の性質が野生ヤギや野生ヒツジ、野生ウシのものと異なっていたところにあるといえる。野生ウマの乳には蛋白質などの成分がすくないため、チーズ類などの乳製品を製造することができないのである。チーズ類などの遊牧生活の基本食品が野生ウマの乳から入手できない点で、野生ウマ群との共生の必要性がひくかったといえるだろう。

現在でも、ウマの搾乳には多大な労力とエネルギーが必要とされる。まず草原で自由にはしりまわっている子ウマを、捕獲して杭かロープなどにつないでおく。数頭の子ウマを確保すると、つぎにそれぞれの母ウマを順番に捕獲する。子ウマに二、三口哺乳させたあと、乳房からひきはなして母ウマの前脚に子ウマをむすびつける。この状態で、催乳をおこなって穏やかになった母ウマの搾乳をする。搾乳後は、母子を草原にはなつ。この作業を、数十頭の母子のウマに対しておこなう。

ウマの乳量はすくないため、一日に五回から七回の搾乳作業が必要である。一回の搾乳ごとに、数人の男性が騎馬ではしりまわって母子のウマを捕獲してこなければならない。搾乳自体は、女性がおこなう。そのうえ、搾乳可能な期間が七月から八月にかけての二カ月間に限定される。搾乳作業という点でウマの搾乳は労力をおおく要するわりに、ヤギやヒツジ、ウシにくらべて固形の乳製品として入手できるものがすくないということになる。

ウマの乳の特異な点は、約六パーセントの乳糖を含有しているところである。そのため、乳酸発酵すると二パーセント前後のアルコール分を含む乳酸飲料ができる。これは、モンゴル語でアエラグ（またはツェゲー）、トルコ語系の言語でクムス（またはクミス）とよばれる馬乳酒である。馬乳酒をおもわせるもっとも古い記述は、ヘロドトスの『歴史』のなかにみられる。この記述のなかで、黒海北岸のスキタイ人が木をくりぬいた容器にウマの乳をそそいで全体を震動させて飲料に加工していることがしるされている。[3] 容器の震動によって、乳酸発酵をうながしているわけである。これは、紀元前五世紀前後の記録だ。

現在、馬乳酒の製造は、モンゴルやカザフなどでおこなわれている。遊牧民ユルックのなかでは、馬乳酒の製造はまったくおこなわれていない。ウマは、もっぱら騎乗用につかわれている。一部の遊牧民ユルックにおいては、二〇世紀のはじめころまで馬乳酒の製造がみられたようである。馬乳酒の製造のためには、搾乳できる数十頭のメスウマを確保する必要がある。搾乳用の多数のウマ群を確保するのが困難になって、馬乳酒の製造をやめた事例もおおいようだ。

野生ウマ群との共生のこころみは、はじめから馬乳酒という乳酸飲料の製造を目ざしておこなわれたものであっただろうか。その可能性も全面的に否定することはできないが、野生ウマ群との共生そのものが主目的であったともかんがえられる。野生ウマ群との共生の継続のなかで、搾乳が副次的におこなわれるようになったわけである。もちろん、搾乳そのものは野生ウシ群の経験が野生ウマ群に適用されたのである。

さきにもふれたように、遊牧民ユルックの社会のなかでは、ウマの群れは年間を通じてほとんど牧夫の随伴しない放し飼いの状態ですごしている。騎乗の必要が生じたときに、捕獲して騎馬の用に供する。遊牧民ユルックの社会では、ウマの搾乳もおこなっていない。このような関係のなかで、相互認識もふまえた共生をいとなんでいる。当然のことながら、ウマの群れも各営地間の移動をともにする。このような淡白ともいえる共生関係が、現生人類と野生ウマ群とのあいだに長期的にみられたのではないだろうか。

現生人類と野生ウマ群との共生関係の構築にあたって、さまざまな関門をくぐっていかなければならなかったであろう。現生人類が野生ウマ群と共生関係をむすぶとき、もっとも大きな関門となったのは野生ウマ群の疾走速度の速さである。その疾走速度の速さは、すでに現生人類と共生関係にあった野生ヤギ群や野生ヒツジ群、野生ウシ群の比ではなかった。疾走状態の野生ウマ群に現生人類が接近することは、不可能である。それでも、野生ウマ群は四六時中はしりまわっているわけではない。野生ウマ群が採食中や休息中に、現生人類が接近をこころみることは可能であっただろう。双方に親和性が共有されていれば、ながい時間をかけて共生関係の構築にまですすむこともできるわけである。こうした野生ウマ群との共生関係の構築をおこなったのは、やはり西アジアを中心とした地域であったとかんがえてよいだろう。

現生人類と野生ウマ群との共生関係が継続するなかで、騎乗のこころみがはじまったとおもわれる。騎乗のこころみも、搾乳と同様に共生関係の継続のなかで副次的におこなわれた可能性が強い。野生ウマ群との共生は、かならずしもはじめから騎馬を目的として構築されたわけではないといってよいだろう。騎馬を実現するためには、多大な努力と工夫が必要であった。手綱や鐙《あぶみ》などをつけないまったくの裸ウマをのりこなす時期が、ながいあいだつづいた可能性がある。バランスだけで裸ウマをのりこなすにあたっては、子どもたちが中心的な役割をはたしたかもしれない。

従来、家畜化されたウマの原生種として、ターパンとプルジェワリスキーウマ(モンゴル語名タヒ)がかんがえられてきた。両者とも、現在は絶滅種である。ターパンは、ロシア平原からヨーロッパにかけて棲息していたが、一九世紀末に絶滅している。プルジェワリスキーウマは、モンゴルから中央アジアにかけて棲息していたが、一九八〇年代後半に地上から姿をけしたとされている。[4] 最近(二〇一八年四月)になって、DNA分析の結果、プルジェワリスキーウマは家畜種が野生化したもので、純粋な野生種ではないという論考が提示されている。この論考によれば、プルジェワリスキーウマは紀元前五五〇〇年ころにカザフスタン北部のボタイで家畜化されたウマが野生化したものの子孫だという。[5] 現在のところ、ターパンもプルジェワリスキーウマと同様に家畜種の野生化したものかどうかはわからないが、現生人類と野生ウマ群の共生関係にながい歴史の存在していることをこれらの資料から充分に推測できるであろう。

野生ラクダ群との共生

家畜化されたラクダには、ヒトコブラクダとフタコブラクダがある。ヒトコブラクダの原産地は西アジア、フタコブラクダの原産地は中央アジアとされている。ヒトコブラクダの野生種は絶滅したが、フタコブラクダの野生種はアフガニスタンなどを中心に一〇〇〇頭前後が現存するといわれる。モンゴルなどでみられる野生状態のヒトコブラクダは、家畜種が野生化したものである。全ラクダのなかで、ヒトコブラクダが圧倒的におおく、全体の九割ちかくをしめる。

現生人類と野生ラクダ群との共生は、野生ウマ群との共生にならってこころみられたものであろう。野生ウマ群との共生関係の構築と同様に、休息中や採食中の野生ラクダ群に現生人類が接近することを通じて共生にまでいたったとかんがえられる。このこころみの場合も、当然ながい時間にわたる相互認識が不可欠であった。両者の共生関係の構築は、西アジアを中心とした地域ではじまった。西アジアは、現生人類が五畜(ヤギ、ヒツジ、ウシ、ウマ、ラクダ)すべてと共生関係を構築した最初の地域といえる。もちろん、これらの五畜がすべて同時期に現生人類と共生関係を構築したわけではなく、野生ヤギ群や野生ヒツジ群から野生ラクダ群にいたるまでには一万年以上の時間が経過していたであろう。

現生人類と野生ラクダ群との共生関係の構築は、野生ウマ群の場合と同様に当初は共生そのものを目的としたものであったとおもわれる。野生ラクダ群への騎乗や搾乳は、共生関係の持続のなかで副次的に生じたものであろう。ただ、野生ウマ群での先行事例があったので、野生ラクダ群との共生のなかでは比較的はやく騎乗や搾乳のこころみが実行された可能性はある。当初の手綱や轡のない騎乗では、子どもたちが中心的な役割をはたしたであろう。多数の人たちが騎乗に参加するにあたっては、手綱や轡などの制御具の導入が必要であった。騎乗用の手綱や轡などの使用がはじまるのは、ずっと後の時代になる。

ラクダの乳量は、ウマにくらべておおい。そのため、ラクダの搾乳は、おおくの地域で朝夕二回おこなわれている。搾乳にあたっては、ウシやウマと同様に催乳が必要である。ラクダの搾乳期間は、ウマにくらべてはるかにながく、一年以上にわたる。全体的な乳量などにおいてすぐれている点もみられるが、ラクダの搾乳が飼育されているすべての地域でおこなわれているわけではない。たとえば、遊牧民ユルックの社会ではラクダの搾乳はほとんどみられない。その理由としては、ヤギやヒツジ、ウシなどの搾乳にくらべてラクダの搾乳に手間がかかるということがあげられている。

現在、ラクダの搾乳がよくおこなわれているのは、カザフ、モンゴル、アラブなどである。カザフやモンゴル、アラブなどでは、ラクダの乳は乳酸発酵による酸乳に加工されることがおおい。ごく一部が、バター系列やチーズ系列の乳製品に加工される。カザフやモンゴルではラクダの搾乳に主として女性がたずさわっているが、アラブでは男性が搾乳の中心的役割をはたしている。東アフリカのレンディーレなどでも、ラクダの搾乳は主として男性がおこなう(6)。野生ラクダ群の搾乳にあたって女性が中心的役割を担っていたのが、アラブなどではラクダの社会的位置づけをめぐって男性中心の主張がでてきて変化がおこったのであろう。

アラブでは、ラクダには特別な社会的な位置があたえられている。搾乳を含めたラクダとの接触が、男性の仕事とされているからである(7)。これは、ラクダの家畜化の過程のなかで男性の役割を強調する主張を反映するものであろう。アラブ社会においても、ヤギやヒツジの搾乳は、女性の仕事とされている。

ラクダの社会的位置づけをめぐる地域差の存在は、野生ラクダ群との共生のありかたの差異に根ざすものかもしれない。これは、野生ラクダ群との共生が複数の地点で進行したことを示唆するものであろう。アラブ社会では、野生ラクダ群との共生がより深いレベルで進行した可能性がかんがえられる。

去勢の出現

去勢は、睾丸から精巣を剔出《てきしゅつ》したり、破砕したりすることによってオスとしての機能を人為的にうばう方法である。搾乳がヤギ・ヒツジ・ウシ・ウマ・ラクダなど五畜の乳を横取りするのに対して、去勢は五畜のオスの機能を剝奪する行為といえる。搾乳も去勢も、現生人類と野生有蹄類との共生関係のバランスを破壊しているわけである。この破壊行為によって、現生人類は野生有蹄類の群れの管理能力を増強することができた。搾乳によって遊牧が開始され、去勢によって遊牧の骨格がととのったといえるだろう。去勢の技術の導入を通じて、現生人類側は野生有蹄類の群れの分裂をある程度ふせぎ、群れの構成にある程度参画することが可能になった。

現在、遊牧民ユルックの社会を含めたすべての遊牧社会において、去勢の作業は男性の手によっておこなわれている。これには、ほとんど例外がみられない。野生有蹄類の去勢にあたっても、その実施者は男性であったとかんがえてよいだろう。この去勢という技術を導入するまでには、長期にわたる野生有蹄類のオスの行動についての膨大な情報の蓄積が不可欠であった。これと並行して、当然ながら生殖行動そのものについての知識の集積もおこなわれている。この情報の蓄積や知識の集積にあたっては、男性だけでなく女性の参加も重要であった。最終的には、オスの精巣を除去することによって生殖活動を阻害できるという発見にいたったのである。

こうした基盤のうえに、去勢の実施者として男性が登場する。これまで女性を中心に運営されていた遊牧生活のなかで、去勢を通じて男性の参画の主張が表面化したわけである。去勢の実施にあたっては、特別な道具をほとんど必要としない。遊牧民ユルックが去勢にもちいている小刀や鉄針は、剝片石器や木針でも充分に代用できる。みずからの歯や手近な石をつかって、去勢を実施することも可能だ。実際に、これらの去勢法はつい最近までおこなわれていたものである。去勢の作業において特別な道具を必要としない一方で、作業の対象となる有蹄類の個体が勝手に動けないようにするための腕力は必要であった。ここに、去勢の実施者としての男性の登場の必要性がみとめられる。

去勢の出現が、野生有蹄類の家畜化を加速するうえで大きな効果をもたらしたことは確実といえるだろう。去勢によって、現生人類側がのぞましくないとするオスの個体を群れから排除し、のぞましいとするオスの個体を群れにのこす人為的な操作ができるようになったからである。この人為的な操作によって、その時点での有蹄類の群れの構成に介入するだけでなく、次世代以降の群れの構成にも影響をおよぼしているわけである。これは、選択と選別による有蹄類の家畜化を強化する。

去勢の出現は、直接的には野生有蹄類のオスの繁殖期における活発な活動を制御することを目的としたものであったとかんがえられる。現生人類と野生有蹄類の群れとの共生関係の継続のなかで、群れの管理という思想の芽生えがあらわれてきたのであろう。共生関係の継続のなかでは、オスの繁殖期における活発な活動は自然なままにまかされていたはずである。オスの繁殖期における活発な活動による群れの分裂や、性的行動にともなう争いや衝突による個体の傷害や事故死も、一時的なこととして許容の範囲内におさめられていたのであろう。おそらく、こうした状態が長期間にわたって継続したとおもわれる。両者の共生関係の長期的な継続は、このような自然状態のなかだからこそ実現できたわけである。こうした状態を打破して、群れを管理する有力な手段として去勢は出現してきた。

去勢の技術の導入は、遊牧生活の一連の過程の展開の歴史からみて西アジアで最初にはじまったとおもわれる。その導入の時期を確定することは困難であるが、搾乳の技術とくらべるとはるかに新しいのは確実といえるだろう。搾乳の技術が遊牧の起源に連動しているのに対し、去勢の導入が家畜化の強化と深くかかわっているからである。野生有蹄類の搾乳の開始は、その群れのまるごとの家畜化への第一歩であったことは否定できないが、現生人類との共生関係を根底から破壊するものではなかった。それに対し、去勢の導入は、現生人類が野生有蹄類の群れを管理しようとする方向に強く踏みだすものであった。去勢の導入によって、それまでの両者の共生関係のバランスは大きくくずれてゆく。

去勢の導入を通じて野生有蹄類の群れの管理を強化しようとする背景には、現生人類のなかに生じた思想的展開が関連していた可能性が強いとおもわれる。それは、父系血縁集団の系譜を強調する思想である。現生人類のなかには、もともと父系血縁集団の系譜だけでなく、母系血縁集団の系譜の認識も並存していたことは確実である。このなかで、去勢は男性原理を強調し、ひいては父系血縁原理を重視する役割と効果をもたらしたであろう。遊牧民ユルックの社会を含めて遊牧社会のほとんどは、歴史的にも父系血縁集団の系譜を重視してきた。現在、家畜群の系譜を女性たちが母系血縁集団原理で把握しているのは、遊牧社会の深部にあるもうひとつの流れをしめすものであろう。

家畜化と共生関係

去勢によって生殖機能を剝奪されたオスの野生有蹄類は、もとの群れにそのままのこされたであろう。去勢の技術が導入された当初のころは、その対象となった野生有蹄類のオスの頭数はごく少数であったとおもわれる。行動が問題視される個体だけが、去勢の対象となったからである。現在遊牧民ユルックの社会のなかにみられるような子ヤギや子ヒツジのオスの大部分を去勢する事象は、ずっとのちの時代からみられたものであろう。こうした事象は、去勢された子ヤギや子ヒツジが食肉用として市場での取引の対象となる時代の到来と連動して出現した可能性がある。

去勢された野生有蹄類のオスは、野生状態のときよりおとなしい性質になった可能性が強い。こうした去勢オスが、群れのほかの構成員を家畜化の方向にむけてゆくときの手助け役をはたしたことがかんがえられる。手助けの一端として、現生人類側の意向をうけとめて行動するはたらきを担ったかもしれない。たとえば、群れとしての行動のなかで、去勢オスが現生人類側の指示や意向にそったうごきをしめしやすいことである。

家畜化は、野生動物群に対する現生人類の人為的選択やはたらきかけによって生ずる一連の変化の過程をさすものである。この一連の過程のなかには、野生動物群の表現型の発現や遺伝子型における変化もふくまれている。野生有蹄類の家畜化は、現生人類との共生関係に基盤をおいた遊牧生活の継続のなかでながい時間をかけて進行していった。搾乳の開始とともに、乳量のおおいメスの選択や出産能力のたかいメスの選択がゆっくりとした速度で人為的にすすめられてゆく。去勢の出現によって、生殖能力のたかいオスや行動を制御しやすいオスの選択が展開される。この搾乳と去勢という人為的選択のメルクマールを通じて、野生有蹄類の家畜化が加速されていったわけである。

野生有蹄類の家畜化は、ヤギやヒツジがもっともはやく、ウシがこれにつぎ、ウマ、ラクダの順におこなわれていった。フタコブラクダをのぞくと、これらの家畜の原種は現存していない。家畜化はもともとゆっくりとした速度のなかで展開する事象なので、その年代を確定するには困難がともなう。ある時点を境にして、明確に家畜化の以前と以後が確定できる性質のものではないからである。それでも、これまで家畜化の年代についてさまざまな説が提示されてきている。その代表的な説として、ヤギやヒツジが紀元前一万年、ウシが紀元前八〇〇〇年、ウマが紀元前六〇〇〇年、ヒトコブラクダが紀元前四〇〇〇年(フタコブラクダが紀元前二五〇〇年)などの年代があげられている。

これらの家畜化の年代は、あくまでもひとつの仮説としてしめされたものである。この仮説の根拠となっているのは、西アジアなどを中心に考古学的発掘によって確保した資料に限定されている。考古学的発掘の対象となっているのは、年代をこえて堆積した定住者による遺構がほとんどといえる。これらの遺跡の発掘を通じて入手した資料は、ある地点における定住者と有蹄類との交流を物語っているのである。そこで確認できた家畜化の痕跡は、ひとつの地点とその周辺の状況を反映したものといえる。それは、けっしてその当時の遊牧の状況や遊牧生活の内容をしめすものではない。考古学的発掘によって確認できる知見には、おのずから限界があるということである。こうした限界を前提にかんがえれば、家畜化の年代はこれまでしめされてきたものよりも古い可能性があるかもしれない。

野生有蹄類の家畜化によってもたらされたことは、現生人類との共生関係のうえに継続されてきた遊牧生活におこった明瞭な変化であろう。共生関係のバランスがくずれ、現生人類側による野生有蹄類の管理の度合いが強化されたのである。現在の遊牧社会でみられる放牧の風景の原形は、このころに形成されたものとかんがえられる。野生有蹄類の家畜化の進行とともに、群れの構成への人為的な介入度が増大してゆく。自然な状態での群れの構成の変化のかわりに、構成メンバーの強制的ないれかえやメス・オスの比率の操作などがおこなわれるようになる。それとともに、去勢オスの割合が増加していったであろう。

さきにもふれたように、野生有蹄類の家畜化が遊牧の起源に直結しているわけではない。家畜化によって遊牧が成立したのではなく、家畜化はすでに成立していた遊牧生活に大きな変容をもたらしたのである。ながい時間の流れのなかでみれば、野生有蹄類と現生人類との共生関係はおのずからそのバランスをくずしてゆく性質を内包していたといってよいかもしれない。現生人類のなかに、なにかを利用しようという意思があるかぎり、全体的な流れを止めることは難しいことであろう。野生有蹄類の乳を搾乳によって横どりする行為は、あきらかに現生人類のなにかを利用しようとする意思のあらわれのひとつである。去勢によって野生有蹄類の行動を制御しようとする行為も、現生人類側の利用の意思の発露のひとつといえるだろう。

家畜化を通じて現生人類と野生有蹄類との共生関係のバランスのくずれがもたらされたけれど、その共生関係は全面的に崩壊したわけではない。その共生関係の深さは、遊牧民ユルックの社会の事例でみたように、放牧や移動、家畜群との交流などの随所に観察できる。これは、遊牧社会の特質の一端といってよいだろう。

家畜化におけるイヌの位置

現生人類がおこなった家畜化の歴史のなかで、もっとも古いのがイヌの事例とする説が有力とされる。その家畜化の時期は、一万五〇〇〇年以上前といわれる。この根拠としてあげられるのは、シベリアからベーリング海峡をわたってアメリカ大陸に移動した現生人類がイヌをともなっていたことである。現生人類のアメリカ大陸への移動の時期は、一万五〇〇〇年前ころとされている。すくなくとも、現生人類のアメリカ大陸への移動以前にユーラシアのどこかの地域でイヌの家畜化がおこなわれていたわけである。

イヌの祖先は、タイリクオオカミとされる。その祖先が、タイリクオオカミかその亜種かについて議論がわかれている。議論がわかれている点があるにしても、イヌがタイリクオオカミの系統のなかで家畜化したことについては異論がないようだ。イヌの家畜化がおこなわれた地域として西アジアや東アジア、ヨーロッパなどが候補地としてあげられているが、最終的な結論がだされているわけではない。タイリクオオカミの分布が、ユーラシア大陸のほぼ全域にわたってひろくみられるからである。現在あげられている候補地のいずれにおいても、家畜化がおこなわれた可能性があるといえるだろう。

現時点で明白なことは、約五万年前にスンダ大陸から渡海してオーストラリアにまで移動した現生人類がイヌをともなっていなかったことである。オーストラリアでみられる野生犬ディンゴは、数千年前のオーストロネシア人の拡散にともなってオーストラリアにもたらされたイヌの子孫とされる。これらの事実から、アフリカから西アジアに展開したあとまもなくの時点ではイヌの家畜化がおこなわれていた可能性が低いといえるだろう。アフリカ大陸に居住していた時期には、現生人類がイヌの家畜化をおこなった形跡はほとんどみとめられない。遊牧の起源と同様に、イヌの家畜化も現生人類の出アフリカのあとにおこった事象といえるだろう。イヌの家畜化は、五万年前からあと一万五〇〇〇年以前にユーラシアのどこかでおこなわれたわけである。

イヌ科の化石のなかで注目されるのは、ベルギーのゴイエ洞窟遺跡から出土した三つの資料である。これらの化石は、三万六〇〇〇年前から二万六〇〇〇年前のものとされる。これらの化石の遺伝的特徴から、「現生人類が家畜としていたオオカミをオオカミイヌに品種改良した可能性」をみとめる研究者もみられる[8]。この研究者によれば、このオオカミイヌが現代のイヌの祖先である可能性も否定できないとしている。ベルギーから出土したイヌ科化石については、「家畜化が中断されたか表現型が独特の個体群で、これまで知られていないタイリクオオカミの個体群である可能性がある」という別の研究者の解釈もある[9]。化石資料からタイリクオオカミかイヌの祖先かを断定することが困難であるとともに、タイリクオオカミとイヌの祖先とのあいだに強い連続性が存在することをしめす資料ともいえるだろう。

これまでしられている古い年代のイヌの骨としては、シリアのドゥアラ洞窟遺跡から出土した事例(約三万五〇〇〇年前)、ウクライナのメジン遺跡から出土した事例(約三万年前)、ロシアのウラル山脈東部のアフォンドバ遺跡から出土した事例(約二万年前)、イスラエル北部のアイン・マラッハ遺跡から出土した事例(約一万二〇〇〇年前)、ドイツのオーバーカッセル遺跡から出土した事例(約一万四〇〇〇年前)などがある。これらのなかのアイン・マラッハ遺跡の事例では、高齢の女性と四～五カ月の子イヌが一緒に埋葬された状態で発見されている。この事例などは、明確に家畜化されたイヌをしめすものとかんがえてよいだろう。

タイリクオオカミが家畜化してイヌになってゆくまでには、現生人類とのながい共生関係の継続が不可欠であったといえる。タイリクオオカミの群れと現生人類の小集団が、親和性を前提としながら相互の習性をまなび、どのようにして継続的な共生関係を形成してゆくことができたのか。これまで、タイリクオオカミの家畜化のプロセスのなかで、子オオカミを群れから隔離して飼育するとか、現生人類の残飯あさりが大きな契機となっているという説明がよくなされている。こうした説明は、群居性の動物群の家畜化をかんがえるうえでは不充分といえるだろう。

タイリクオオカミの群れは、雌雄のペアを中心に数頭から一〇頭前後で構成されることがおおい。稀に、数十頭の群れになることもあるようだ。これらの群れが現生人類の小集団との共生関係を構築することが可能な場として、狩猟の場がかんがえられるかもしれない。シカやイノシシ、齧歯類《げっしるい》などの狩猟において、現生人類の小集団とタイリクオオカミの群れが遭遇する機会が多々あった可能性がある。こうした遭遇の場で、敵対的な行動がある一方で、一部の群れと一部の小集団のあいだで友好的な交流がはじまったかもしれない。この両者の友好的な交流が、世代をこえてゆるやかな共生関係に展開してゆく。ゆるやかな共生関係のなかで、両者の協力による共同狩猟がおこなわれる。こうした時間の流れのなかで、イヌの家畜化が進行し、現生人類との絆が強くなってゆく。

古人類学者のパット・シップマンは、オオカミイヌと同定された化石のほとんどがマンモス骨出土の遺跡で発見されていることを根拠に、マンモスの効率的な狩猟が現生人類とオオカミイヌとの共同作業としておこなわれたという仮説をだしている。かれは、「わたしは仮説として、このオオカミイヌという風変わりな集団はまさに家畜化の最初の試みで、マンモス骨出土の大型遺跡の形成を支える技術的進歩を生んだと考えているのだ」としるしている。[10] さらに、パット・シップマンは、遺伝データの統計的分析からイヌ(イエイヌ)の起源が三万二一〇〇年前から一万八八〇〇年前のあいだにあると主張する。かれは、イヌの家畜化もベルギーのゴイエ洞窟遺跡の周辺で進行した可能性を強調している。

パット・シップマンの主張の一部は、傾聴に値するものといえるだろう。とくに、イヌの家畜化がマンモス狩猟における現生人類との共同作業のなかで展開したとする仮説には説得的な部分があるとおもえる。ただ、イヌと現生人類との共同狩猟は、マンモス狩猟だけに限定されるものではなく、その対象はもっと広くておおかったとかんがえるべきであろう。イヌの家畜化の起源地としても、ベルギーのゴイエ洞窟遺跡周辺だけでなく、西アジアなど複数の候補地の可能性が想定される。

イヌの家畜化は、西アジアにおける遊牧の形成とほぼ同時代的に進行した事象とかんがえられるであろう。現生人類と野生有蹄類や野生オオカミ類の群れとの共生関係の構築が、出アフリカをへて西アジアに展開するなかで並行的におこなわれているわけである。遊牧の形成とイヌの家畜化の背景には、現生人類がひとつの種をこえた共生関係を構築しようとする思想の芽生えがあったとかんがえられる。その基盤には、アフリカにはみられなかった現生人類との親和性をそなえた野生動物群が西アジアなどに存在していたという要素があったといえる。この要素が、のちの人類史の展開に重要な役割をはたしたわけである。

小規模集団の役割

西アジアにおいて、ゆるやかに家畜化の方向にむかうイヌの群れと共生関係を保持している小集団と、野生ヤギや野生ヒツジの群れとの共生関係を継続している小集団とのあいだに、直接的な交流関係があった可能性はかんがえられるだろうか。両者のあいだで直接的な交流関係のあった可能性はかなり低いが、間接的な交流関係のあった可能性はある程度かんがえられるかもしれない。

かりにイヌの家畜化の初期的な状況にあった三万年前という時点をとってみたとき、西アジアの現生人類の集団のなかでは主として狩猟採集生活がいとなまれていた。狩猟採集生活を主とする状況は、西アジアだけでなく現生人類が拡散したユーラシア大陸全域で共通してみられたものである。おなじ狩猟採集生活を基盤としながら、西アジアにおいては三万年前の時点の前後からほかの地域ではまだみられない生活様式の変化の流れが萌芽的にあらわれはじめたとかんがえられるだろう。それも、ひとつのセットとなった流れであった。その流れのひとつは野生植物の栽培化へむかう方向、つぎの流れは遊牧の形成にむかう方向、もうひとつの流れは狩猟の強化にむかう方向である。

野生植物の栽培化にむかう方向は農耕の起源に、遊牧の形成にむかう方向は遊牧の起源に、狩猟の強化にむかう方向はイヌの家畜化に流れこんでゆく。この三つの流れは、ほとんどの期間は独立した流れとして終始することがおおかったが、ときに淡く交錯し、最終的には深くまじりあった。西アジアにおいて全体的に狩猟採集生活を変化させてゆく流れが生じた要因は、この地の動物相と植物相の構成にあったとおもわれる。それとともに、西アジアに展開した現生人類が特異的な動物相と植物相の構成を果敢に活用した結果でもあったであろう。

野生状態にあるイヌの祖先の群れと現生人類の小集団が、どのような経過のなかで共生関係を構築していったのであろうか。イヌの家畜化の起源地がどこであったかにかかわりなく、西アジアにおいてかなりはやい時期にイヌの祖先の群れと現生人類の小集団との共生関係の構築のあった可能性はたかいとおもわれる。それは、さきにふれたように西アジアの諸遺跡で古いイヌの骨の出土例がみられるからである。現時点で家畜化イヌのもっとも古い埋葬事例の発見されたアイン・マラッハ遺跡では、ガゼル、ダマジカ、イノシシ、アカシカ、ノロジカ、ノウサギなどの骨が出土している。これらの野生動物が、現生人類の小集団とイヌの群れとの共同作業によって効率的に狩猟されたとかんがえられる。イヌの群れの協力によって、狩猟の成果は格段に増加したであろう。それによって、当然ながら現生人類の小集団側もイヌの群れ側も食糧の確保という点で相互的に利益をえていたわけである。

イヌの群れと共生関係にある現生人類の小集団と、野生ヤギ群や野生ヒツジ群と共生関係にある現生人類の小集団とは、当初のあいだは同一の空間において共存することは困難であったとおもわれる。イヌの群れをともなう小集団による狩猟圧を、野生有蹄類の群れと共生関係をもつ小集団は回避する必要があったからである。初期的な段階においては、ふたつの小集団はその生活域や移動域が空間的にかさならないようにして、相互的な遭遇を回避していたであろう。もちろん、現生人類の小集団との共生関係をもたない野生ヤギ群や野生ヒツジ群は、イヌの群れをともなう小集団によって狩猟対象とされた可能性がたかい。西アジアに棲息するすべての野生ヤギ群や野生ヒツジ群が、現生人類の小集団との共生関係の対象となったわけではないからである。共生関係を継続した野生有蹄類の群れと現生人類の小集団は、両者のあいだで世代をこえて長期的なむすびつきをもっていたとかんがえられる。

イヌの群れの家畜化と野生ヤギ群や野生ヒツジ群の家畜化がそれぞれ進行するにつれて、両者が現生人類の小集団のなかで共存することが可能になってゆく。この時点になれば、もはやふたつの小集団が相互的な遭遇を回避する必要はなくなったわけである。それは、現生人類側による共生関係を保持する動物群への管理力が増大したことを意味している。このメカニズムの展開を通じて、家畜化がさらに加速する現象がみられた。

イヌの群れの家畜化へのうごきと、野生ヤギ群や野生ヒツジ群と現生人類の小集団との共生関係の構築へのうごきとのあいだに、なんらかの関連や連動があっただろうか。現生人類とは種を異にする野生動物群との共生関係の構築という意味では、両者のあいだになんらかの関連があった可能性は否定できないようにおもわれる。すくなくとも、現生人類と異種の野生動物群と共生関係を構築しようとする思想の共有か相互的な影響関係のあった可能性は強いであろう。現時点では、この両者のうちどちらが先行していたかを決定しうる資料は存在しない。現在のところ、現生人類と異種の野生動物群との共生関係を構築する思想はほぼ同時代的に形成された可能性があるとかんがえておくのが妥当とおもわれる。ただ、イヌの群れの家畜化への流れを担った現生人類の小集団と、野生ヤギ群や野生ヒツジ群との共生関係の構築への流れを担った現生人類の小集団とは、それぞれ別の集団であったであろう。こうした小集団は、それぞれ世代をこえて長期的に、異なる生活様式の形成と継承をおこなっていったわけである。

西アジアでほぼ同時代的に展開した野生動物群との共生関係の構築を担った現生人類の小集団の規模は、狩猟採集社会の集団規模とほとんどかわりがなかったであろう。共生関係の構築の初期段階においては、その小規模集団のおおくは五〇人前後であったとかんがえられる。おおくとも、円滑に安定した人間関係を維持できるとされる約一五〇人(ダンバー数)の範囲内であった可能性がたかい[11]。ダンバー数を提唱したロビン・ダンバーは、狩猟採集社会の規模をバンド(三〇〜五〇人)、カルチュラル・リネッジ(一〇〇〜二〇〇人)、トライブ(五〇〇〜二五〇〇人)の三段階に設定している。共生関係の構築が初期段階から展開するにつれて、小規模集団を基盤にしてロビン・ダンバーのいうトライブ段階の規模の集団が一部にはみられるようになったであろう。

農耕の起源とその影響

西アジアは、野生植物の栽培化がはやくからこころみられた地域である。野生植物の栽培化にさきだっては、採集を通じた野生植物の利用が長期にわたっておこなわれた。狩猟採集生活のなかでは、採集によって獲得する食材の比重は格段にたかい。それだけ、利用できる野生植物についての観察と情報の蓄積は不可欠となっている。野生植物における芽生えから開花、結実、枯死までのくりかえしを、現生人類は数千年から数万年にわたって目にしてきたはずである。言語運用能力の活用によって、野生植物の利用にかかわる知識は世代をこえて継承され、その情報量は増大してゆく。

こうした背景のなかで、西アジアに展開した現生人類が野生植物の再生と成長の過程に介入してゆこうとする流れが発生したのは自然な形であったといえるかもしれない。野生植物の再生と成長の過程を注意深く観察し、人為的な介入の可能性をさぐるうえで、中心的な役割をはたしたのは女性たちであったであろう。この女性たちの重要な役割は、野生有蹄類の群れとの共生関係の構築にはたしたものと同様であったといえる。野生植物の再生と成長の過程への人為的な介入は、農耕の起源へと直接的につながってゆく。農耕の起源においても、女性たちが大きな役割をはたしたわけである。

西アジアにおいて野生植物の栽培化がはじまる直前の状況をしめす文化層としてよくしられているのは、ナトゥーフ文化層である。ナトゥーフ文化層は、東地中海沿岸の地域を中心とした遺跡にみられる層位で、その時期は一万四五〇〇年前から一万一五〇〇年前にかけてとされる。ナトゥーフ文化層を包含する代表的な遺跡としては、パレスチナ東部のエリコ、シリア北部のテル・アブ・フレイラ、パレスチナ北部のシュクバ洞窟、イスラエル北部のアイン・マラッハなどをあげることができる。ナトゥーフ文化層のおおくからは、半地下式の住居址《あと》が発掘された。西アジアのこれらの地域では、この時期から狩猟採集生活のなかでの定住化がすでにはじまっていたわけである。

これらのナトゥーフ文化層からは、野生のライムギ、ヒトツブコムギ（アインコルン）、エンマーコムギ、ヒユなどの穀粒が発見されている。注目されるのは、採集された穀粒とともに石鎌や石杵、石臼などの出土がみられることである。これらの事実から、野生の穀類を石器をつかって収穫し、石器をつかって調理していたことが確認できるわけである。現在のところ、狩猟採集時代において野生植物の採集と食糧としての利用が道具を使用しておこなわれた事例として、ナトゥーフ文化期をさかのぼるものは発見されていない。将来において、ナトゥーフ文化期よりも古く石器による野生植物の採集と調理がおこなわれた事例が発見される可能性はあるだろう。それでなくとも、明確な考古学的遺物をともなわない状態で野生植物の採集と利用をおこなっていた時期は、はるかに長期にわたってつづいていたのである。

現時点でもっとも古い穀物の栽培化の事例としてあげられるのは、シリア北部のテル・アブ・フレイラ遺跡のナトゥーフ文化層から出土したライムギの穀粒とされる。その時期は、ナトゥーフ文化期後期(一万二八〇〇~一万一五〇〇年前)である。オオムギやコムギの栽培化は、ライムギよりもすこし時代がくだった一万年前ころとされる。これらの栽培化がおこなわれたのは、シリアからユーフラテス川流域にかけての地域である。農耕の起源の中心地のひとつは、西アジアのこの地域であったわけである。

農耕の起源も遊牧の起源も、西アジアにおいてそれぞれ独立発生的にみられたものといえる。それぞれの起源を担ったのは、いずれも西アジアに展開した現生人類の小集団であった。農耕と遊牧の起源時において、それぞれの起源を担った小集団のあいだで相互的な交流のあった可能性はかんがえられるだろうか。おそらく、その可能性はきわめて低いものであったとおもわれる。農耕の形成も、遊牧の形成も、かなり限定された集団のなかでながい時間をかけてゆっくりと進展していった可能性が強いからである。とくに、遊牧の形成においては野生有蹄類の群れとの共生関係を長期間にわたって継続することが不可欠なので、おなじ方向にむかう流れを共有する以外の集団との交流の余地はすくなかったであろう。

野生植物の栽培化を通じて農耕の態勢が確立するにつれて、農耕の影響は徐々に拡大していったであろう。とくに、採取した種子を播《ま》いて収穫を確保する技術がととのうことによって、狩猟採集社会のなかから農耕のこころみに参加してゆく集団が確実に増加していった。農耕の影響力が、その出現以前にくらべると格段に増大していったわけである。

搾乳の技術に時間差をおきながら去勢の技術がかさなることによって、遊牧の態勢がととのってゆく。遊牧の態勢のととのいと農耕の態勢のととのいが重複する時期をむかえると、両者のあいだの交流がすこしずつはじまっていったであろう。野生動物の家畜化と野生植物の栽培化を通じて、現生人類による野生生物の管理化という共通の思想が芽生えてきたからである。農耕と遊牧との交流のなかで、初期的な段階においては遊牧から農耕の方向にむかう流れがより太いものになった可能性が強いといえる。農耕にむかった流れのなかで、動物群の家畜化の程度が加速するからである。西アジアにおける初期農耕遺跡から出土するヤギやヒツジ、ウシなどの骨は、こうした時期の状況を反映したものといえるだろう。初期農耕社会のなかで加速化した家畜化の波の一部分は、遊牧社会へ逆に流入していっている。こうした相互的な交流が継続するなかで、家畜化はさらに進行していった。

ギョベクリ・テペ遺跡の解釈

ギョベクリ・テペは、トルコ南東部のシャンルウルファ近郊に位置する新石器時代の遺跡である。遺跡は、標高七六〇メートルの平原の比高一五メートルの小高い円丘のうえから発見された。ギョベクリ・テペ遺跡はまだ全体の五パーセントの範囲しか発掘がすすんでいないが、現在までにえられた知見からだけでもたいへん特異な遺跡であることがわかる。西アジアでも、類例のない内容をそなえた事例といえるだろう。

ギョベクリ・テペ遺跡の特異な点のひとつは、宗教的施設に特化している点である。一九九六年からの発掘に主導的役割をはたしたクラウス・シュミットは、これらの遺構が神殿であると主張している。ギョベクリ・テペ遺跡では、物理探査などによって二〇〇本以上のT字型の石柱が二〇の円のなかにならべてたてられていることが確認された。丘を円形に掘りさげ、中央に二本の石柱をたてそのまわりに八本の石柱を等間隔に配列し、石柱のあいだに石の長椅子をもうけている。石柱のおおくは、高さ二・四〜六メートル、重さ七〜一〇トンちかくの巨大なものである。これらの石柱は、基盤の岩に穿たれた穴にすえつけられている。現在までのところ、この遺跡から墓葬址や住居址は発見されていない。これが、宗教的な役割をもった遺跡と解釈する主要な根拠となっている[12]。

おおくの石柱の表面には、動物のレリーフが彫刻されている。その動物は、キツネ、イノシシ、ウシ、ガゼル、ライオンなどの哺乳類やハゲワシ、ツルなどの鳥類、ヘビなどの爬虫類、昆虫、クモなどである。これらは、すべて野生動物だ。野生動物のレリーフは、いずれも当時の世界観や宗教観を表象するものであるが、その内容についての解読はすすんでいない。イノシシ、ウシ、ライオン、ハゲワシなどの図像は、トルコ中部の初期農耕遺跡であるチャタル・フユック遺跡(八五〇〇年前)の壁画にもえがかれている。西アジアの一部の地域で、世界観や宗教観が部分的に時代をこえて継承されている可能性がかんがえられるだろう。

いくつかのT字型の石柱の下半分に、ヒトの腕を形象したレリーフがみられる。この腕の形象の存在から、石柱の上半分が頭部を含む上半身を下半分が下半身を表象しているという解釈もある。その場合、この石柱自体が崇拝の対象となる超自然的存在の象徴である可能性もかんがえられるかもしれない。この石柱を、祖先像または祖先神とする解釈もありうるだろう。

ギョベクリ・テペの遺構の年代は、一万二〇〇〇年前ころとされる。神殿としての機能をおえた遺構の終末は、一万年前ころである。遺構の終末をむかえた時点で、石灰岩のこまかい破片などによって遺構全体が丁寧に埋めもどされている。なぜ遺構が埋めもどされたのか、その理由はよくわかっていない。二〇〇〇年ちかい遺構の使用期間中も、数十年の単位で全体が埋めもどされている形跡がみられるという。なんらかの宗教的理由にもとづいておこなわれている行為と推測されるが、その理由も不明である。神聖な場のもつ力の再生を祈願して、古い遺構の埋めもどしをおこなった可能性もかんがえられる。

解明されていない部分のおおいギョベクリ・テペ遺跡のなかで、もっとも大きい問題のひとつは、この遺構をつくって維持した人びとの集団がどのような性格をもったものであったかということになる。二〇トン前後の巨大な石柱を切りだし、数百メートルの距離を移動して遺構の場所に設置するには、数百人の労力が必要であったと推測されている。そうした労力を動員できる背後には、この一連の作業を全体的に監督し、宗教的儀式を遂行する宗教的指導者の存在が想定される。当然、この宗教的指導者には社会的権威と権力が付随していたであろう。このような社会組織が、どのような経過のなかで形成されていったのだろうか。

ギョベクリ・テペ遺跡は、狩猟採集社会のなかで構築されたとされている。ギョベクリ・テペの遺構が地上に姿をあらわした一万二〇〇〇年前のころは、まだ本格的な栽培化をともなった農耕が開始されていないとかんがえられているからである。地中海東部地域の一万四五〇〇年前からはじまるナトゥーフ文化層においては、野生穀類の収穫という農耕に移行する前状況がみられるので、隣接するギョベクリ・テペ周辺の地域でもこれに並行した現象が展開された可能性がたかいとおもわれる。ギョベクリ・テペの遺構における宗教的儀礼への参加者の大部分は、その周辺地域の居住者であった。

ギョベクリ・テペにおける宗教的儀礼に参加した周辺地域の居住者は、多様な構成になっていただろう。参加者の大部分は狩猟採集社会の構成員であったであろうが、その一部に遊牧社会の構成員がかかわっていた可能性がかんがえられる。この時点において、遊牧社会のなかでは去勢の技術が導入されて家畜化への流れが強化され、野生有蹄類の群れの管理の思想が芽生えてゆく。野生有蹄類の群れを管理するという思想が、人間社会を群れとして管理するかんがえの萌芽の契機となったのではないだろうか。宗教的儀礼を担う社会集団の編成が、農耕への移行期にある狩猟採集社会と遊牧社会との接触のなかではじまったわけである。

ギョベクリ・テペの石柱に刻まれた動物のレリーフのなかには、ヒツジやヤギがまったくあらわれてこない。ここに、野生ヒツジ群や野生ヤギ群に主な基盤をおいていた当時の遊牧社会の宗教的な思想が反映されているといってよいだろう。野生ヒツジ群や野生ヤギ群は、超自然的世界よりも人間的世界に属しているわけである。動物のレリーフのなかに野生ウシが含まれているが、これは超自然的世界に属するものと認識されていたのかもしれない。このような認識があったにしても、当時の遊牧社会のなかでは、野生ウシとの共生関係の構築がすでにこころみられていたであろう。

五畜の形成

遊牧民ユルックの社会でみられるような、ひとつの世帯においてヤギ、ヒツジ、ウシ、ウマ、ラクダの五畜の群れで構成する遊牧の形態が、どのように形成されていったのであろうか。西アジアなどでは、五畜の群れで構成する遊牧は安定的なものとされることがおおい。年間を通じての気象条件や生態的状況の急激な変化のなかで、五畜のどれかが打撃をうけてもどれかが生きのこる確率がたかいので、遊牧生活を持続できるからという理由である。この視点からは、五畜の並存は遊牧生活の安定的な持続のための保険とも表現される。

自然に人為的な加工をおこなわない遊牧において、自然の変化にともなう影響を直接的にうけることがおおい。そのために、共生関係にある動物群が多大な被害をこうむることがある。大規模な雪害や旱魃《かんばつ》などに遭遇したときには、被害はすべての動物群におよばざるをえない。その場合、被害の程度に動物群による差異が生じることはありうるだろう。こうした被害の程度の差異を足がかりにしながら、打撃をうけた動物群の回復をはかる可能性はかんがえられる。

打撃をうけた動物群の回復には、ある程度の年月が必要である。全滅にちかい被害をうけた場合には、あらたな動物群との共生関係を構築しなおさなければならない。これには、当然かなりな時間がかかる。全体の半数前後の損失であれば、時間をかけて自然増殖による動物群の回復を期待することができるであろう。動物群の損失の程度に対応して回復のための時間に長短が生じるが、現生人類側としてはひたすら時間をかけて事態に対処するしか道はなかったといえる。

こうした動物群への打撃や動物群の回復についてのうけとりかたは、共生関係の継続においての時点と家畜化の進行した時点とでは明確なちがいが生じていたとおもわれる。共生関係の継続における時点よりも、家畜化の進行した時点のほうが、自然の変化による動物群への打撃とそこからの回復への関心の度合いがはるかにたかかったであろう。動物群の家畜化の進行した時点では、現生人類の生活面での動物群への依存度が大きくなったためである。これは、現生人類が動物群の管理化の強化を通じて家畜化をすすめる反面で、動物群への依存度が増大した現象といえるだろう。

野生ヤギ群や野生ヒツジ群との共生関係の構築が開始された当初、個別の群れにそれぞれ個別の現生人類の小集団が随伴していた可能性がたかい。共生関係が年月をかさねて継続するなかで、世帯単位で個別の野生ヤギ群や野生ヒツジ群と共生関係を構築する形態がうまれてきたであろう。その時点で、もとの野生ヤギ群や野生ヒツジ群が頭数の増加にともなって分裂することに対応して、世帯単位での共生関係の構築に移行していった事例もみられたとおもわれる。共生関係の構築をまなんだ現生人類の小集団のなかで、世帯単位にわかれて個別の野生ヤギ群や野生ヒツジ群とのペアを組むこころみが実行された事例もあったであろう。こうした世帯単位での共生関係の構築がある一方で、現生人類の小集団単位での野生動物群との共生関係の継続もみられたとおもわれる。生態的状況や気象状況、野生動物群の状況、現生人類の小集団の状況などさまざまな要素を組みあわせて、実際にはきわめて柔軟な対応がおこなわれたはずである。

搾乳のこころみが開始されるころから、野生ヤギ群と野生ヒツジ群とを並存した形で共生関係を構築することがおこなわれた可能性がかんがえられる。その場合、対応するのは世帯単位よりも現生人類の小集団単位であったであろう。野生ヤギ群と野生ヒツジ群の主要な採食対象はすこし異なるが――ヤギは葉食、ヒツジは草食――、その活動範囲には重複する部分があるので、両者を並存した形で共生関係を構築することは比較的スムーズにおこなわれたとおもわれる。両者を並存した形で共生関係を継続することによって、よりおおくの乳を確保できる利便性もあったであろう。こうした状況の展開のなかでも、野生ヤギ群と野生ヒツジ群を並存した形で共生関係をむすぶのではなく、それぞれ個別的に共生関係を継続する現生人類の小集団や世帯も存在したとおもわれる。遊牧の萌芽期の形態は、多様であったであろう。

野生ヤギ群や野生ヒツジ群との共生関係が継続するなかに、野生ウシ群などはどのようにくわわってきたのであろうか。この野生ウシ群などとの共生関係の構築までには、かなりな時間の経過があったとおもわれる。野生ウシ群の活動範囲が、野生ヤギ群や野生ヒツジ群の活動範囲と重複する部分がすくなかったからである。そのため、野生ウシ群との共生関係の初期的な構築は野生ウシ群だけを対象に個別的におこなわれたであろう。共生関係のパートナーは、現生人類の小集団単位が主となっていたとおもわれる。場合によっては、世帯単位での共生関係の構築もありえたかもしれない。

野生ウシ群を対象にした搾乳がはじまり、去勢の技術が導入されてゆくにつれて、家畜化が進行してゆく。この家畜化の進行が深まるとともに、ウシの群れとヤギやヒツジの群れを並存した形で共生関係を継続してゆくことが可能になっていったであろう。この場合、それぞれ別行動をとるウシの群れとヤギの群れやヒツジの群れとに現生人類側が個別的に対応する必要があった。個別的な対応は、小集団単位でおこなうのが主であったとかんがえられる。世帯単位で対応するときには、それが可能なだけの構成員の数を確保する必要があった。ウシの家畜化の深化は、搾乳だけでなく荷物運搬の役割を生みだしていった可能性がある。この荷物運搬のなかに、移動とともに可動式の住居であるテントをはこぶ仕事も含まれていたかもしれない。

野生ウマ群や野生ラクダ群との共生関係の構築にあたっては、野生ウシ群に対応した経験が基盤となっている。野生ウマ群や野生ラクダ群の行動域は野生ウシ群よりも広範囲なので、共生関係の構築にはさらに多大な時間を要したであろう。共生関係の構築に主としてあたったのは、現生人類の小集団単位であったとおもわれる。共生関係の継続から家畜化の進行のなかで現生人類側がみいだしたのは、ウマやラクダを騎乗用や荷物運搬用に活用することであった。これは、あきらかにウシの家畜化の経験がしたじきになっている。ウマやラクダの搾乳もおこなわれるが、ヤギやヒツジ、ウシに比較すると副次的な位置づけといえる。

八〇〇〇年前のウマの家畜化、四〇〇〇～四五〇〇年前のラクダの家畜化をへて、ウマやラクダの群れがヤギやヒツジの群れ、ウシの群れと並存する形で現生人類との共生関係のなかにくわわることが可能になった。この共生関係の構築は、現生人類の小集団単位でおもにすすめられたであろう。この時点で、五畜の形成がおこなわれたといってよい。ひとつの世帯単位で五畜との共生関係を継続する形態は、時間的にはすこしおくれて出現したとおもわれる。

遊牧の第一地域・第二地域

遊牧という生活様式のひろがりの速度は、ゆるやかなものであったであろう。とくに野生有蹄類との共生関係を基盤にしている期間は、現生人類との共生関係の対象となる野生有蹄類の棲息している地域以外で遊牧生活をいとなむことが制約されたからである。野生有蹄類の群れが気象条件や生態的状況に対応して移動するとき、現生人類の小集団はそれに随伴していった。その結果、遊牧生活の領域がひろがるという事象がみられたであろう。遊牧生活の領域のゆるやかな拡大にともなって、拡大した地域に居住する現生人類の別の小集団があらたに野生有蹄類との共生関係の構築に参加してくるという現象がおこったかもしれない。その場合、当然ながらパートナーとなる野生有蹄類の群れの確保が前提となっている。

遊牧生活の拡大にともなう影響をうけて、現生人類の小集団があらたに野生有蹄類との共生関係を構築しようとするとき、群れの確保を含めてかなりな時間が必要である。そのためにも、遊牧生活のひろがりの速度がゆっくりとしたものにならざるをえないといえる。この状況に変化をもたらしたのが、家畜化の進行であったのは確実といってよいだろう。

家畜化の進行にともなって、遊牧生活の領域は拡大していった。その拡大の速度はけっして急激とはいえなかったが、以前とくらべると着実性をおびたものといえるだろう。家畜化によって、群れを管理する度合いが強化され、移動領域の選択肢が増加していったからである。野生有蹄類の群れがそれぞれ個別的に保有していた行動領域をこえて、現生人類側の都合などによって移動する事例もみられるようになった。交換や強制的な圧力などなんらかの契機によって、群れごともとの現生人類の小集団の手をはなれ、別の小集団との共生関係にはいるという事例もあったであろう。こうした経過をつみかさねるなかで、時間をかけながら遊牧生活の領域は徐々にひろがってゆく。遊牧生活の拡大の時間差とうけいれた地域の生態的条件などが、遊牧の第一地域・第二地域の形成される要因となったとかんがえられる。

遊牧の第一地域として最初にあげることのできるのは、西アジアである。西アジアは、野生ヤギ群や野生ヒツジ群との共生関係をはやくに構築した地域である。ひきつづいて、野生ウシ群や野生ウマ群、野生ラクダ群との共生関係を先導的に構築したのも西アジアといえる。搾乳や去勢の技術をはやい時期に導入して遊牧生活を確立したのは、西アジアであった。家畜化が進行するなかで、五畜が並存した状態での遊牧生活の形成に先鞭をつけたのも、西アジアといってよいだろう。すべての領域において、西アジアは遊牧の第一地域の中核的な位置をしめているわけである。

西アジアについで遊牧の第一地域に包括されるのは、中央アジアとモンゴルを中心とした北アジアである。中央アジアでは、西アジアとほぼおなじ時期かすこしおくれた時期に遊牧生活の確立がおこなわれている。野生ウマ群との共生関係の構築やウマの家畜化などにおいては、むしろ中央アジアが西アジアにすこし先行していた可能性もかんがえられる。モンゴルを中心とした北アジアでは、西アジアや中央アジアにくらべて時期的におそく遊牧生活の確立がなされている。これは、野生有蹄類の群れと現生人類との共生関係の構築にかかわる思想と実践のひろがりにおいてかなりの時間差があったためであろう。

遊牧の第一地域において、遊牧の形態や内容はかならずしも地域をこえて斉一なものになっていない。現在の時点でみても、モンゴルを中心とした北アジアや中央アジアにおいてはウマの飼育頭数が西アジアよりも圧倒的におおいという傾向がみられる。ラクダの飼育頭数は、西アジアのアラブ地域がほかの地域よりも圧倒的におおくなっている。ひとつの世帯のなかでヤギ、ヒツジ、ウシ、ウマ、ラクダの五畜を並存した状態で共生関係を保持する遊牧民ユルックの社会の事例が、かならずしも第一地域において普遍的な形態であるともいえない。遊牧民ユルックの社会ではウマとラクダの搾乳はほとんどみられないが、モンゴル社会などではウマの搾乳が、アラブ社会などではラクダの搾乳が重要視されている。遊牧の形態や内容に多様性が存在するが、西アジアと中央アジア、モンゴルを中心とする北アジアは歴史的にみても遊牧の第一地域として包括的に位置づけることが妥当である。

遊牧の第二地域は、第一地域の影響をうけて遊牧生活の展開がはじまったところである。第二地域における遊牧の展開においては、ふたつの型がみられる。ひとつの型は第一地域にはみられない野生有蹄類の群れとの共生関係を構築する方法、もうひとつの型は第一地域で家畜化の進行した有蹄類の群れを導入する方法である。後者の型では、はやい時期に世帯の構成員のすべてが有蹄類の群れの移動をともにする遊牧から、世帯の構成員の一部は定住しその一部だけが移動をともにする牧畜に移行している事例がおおい。

第二地域においてヤギ・ヒツジ・ウシ・ウマ・ラクダの五畜以外のあらたな有蹄類の群れと共生関

係を構築した事例は、チベット高地と極北にみられる。チベット高地におけるヤク、極北におけるトナカイが、その事例である。ヤクはウシ科、トナカイはシカ科の群居性の有蹄類である。野生ヤクは三〇〇〇〜五〇〇〇メートルの高地、野生トナカイは極寒の高緯度地域という固有の生態環境に棲息している。現在では以前にくらべると頭数は激減したが、ヤクやトナカイの野生種は現存している。ヤク、トナカイとも、搾乳され、乳製品の製造がおこなわれる。両者とも、騎乗や運搬にもさかんに利用されている。ヤクの毛は、テント用の素材として活用される。ヤクやトナカイとの共生関係の構築は、あきらかに遊牧の第一地域における五畜の経験の影響をうけておこなわれたものである。その年代も、五畜にくらべると新しいといえるだろう。

第一地域で家畜化の進行した有蹄類の群れを導入して遊牧生活の領域を拡大したのは、北アフリカや東アフリカの地域である。北アフリカや東アフリカにおいては、もともと野生有蹄類の群れとの共生関係を構築するという生活様式はみられなかった。第一地域で共生関係の対象となった野生有蹄類が、この地域では棲息していなかったことがその要因のひとつであろう。

現在、北アフリカや東アフリカの牧畜民のおおくは、ウシ、ヤギ、ヒツジを飼育している。特徴的なのは、ウシの比重がとくに大きいところである。地域によっては搾乳の対象もウシだけに限定され、ヤギやヒツジは搾乳の対象になっていない事例もみられる。東アフリカのレンディーレなどでは、ラクダが主要な牧畜の対象とされている。北アフリカや東アフリカにおいては、一部の世帯構成員が牧畜に従事する一方で、一部の世帯構成員が農耕に従事する事例がおおい。遊牧の第二地域では、遊牧の牧畜化がひろくおこったといってよいだろう。

牧畜化は、西アジアの初期農耕社会のなかで急速に展開した現象である。牧畜化の展開は、家畜化の進行によってささえられている。農耕と牧畜のむすびつきは、全体的に生活の基盤を強化するはたらきをはたしたといえるだろう。西アジアの初期農耕社会のなかで展開した農耕と牧畜のむすびつきは、すこしの時間差をおきながら北アフリカや東アフリカだけでなく、ヨーロッパにも強い影響をもたらした。

テントの導入

テントの使用が、遊牧生活における居住性をよくする役割をはたしたことは確実といえるだろう。このテントの使用が遊牧生活のなかで、いつどのようにしてはじまったのかほとんど不明である。テントに使用される素材が残存する率が低いだけでなく、移動用住居としてのテントであることを遺物から確認することが困難なためである。

現在、ユーラシアの遊牧社会のなかでもちいられているテントの素材は、ヤギとヒツジ、ヤクの毛の三種類だけである。ヤギとヤクの毛は織物の形で、ヒツジの毛はフェルトの形で、テントとして使用されている。これらのなかで、チベット高地でみられるヤクの毛で織ったテントの出現は比較的新しいとかんがえられる。ヤク自体の家畜化が、ヤギやヒツジにくらべると時代的にあとになるからである。ヤクを主にしたチベット高地の遊牧生活は、あきらかに先行する遊牧の第一地域の影響をうけて成立している。ヤギの毛で織った織物を素材とした方形のテントは、トルコ系遊牧民ユルックやア

草原のキギズ・ウイ(フェルト製テント)．中国新疆アルタイ山脈にて．1993年7月．松原正毅撮影，国立民族学博物館蔵

ラブ系遊牧民、ペルシア系遊牧民の世界でみられる。フェルトを素材とした円形のテントは、中央アジアのカザフなどのトルコ系遊牧民やモンゴル系遊牧民の世界でひろくつかわれている。

遊牧民ユルックの社会では、テントに使用するヤギの毛の織物は竪機《たてばた》で織られる。この竪機は、二本の支柱に横木をわたして経糸《たていと》をはり横糸を手織りで織りこんでゆく簡素な構造のものである。遊牧民のなかで生まれたとされる絨毯も、ヒツジの毛をつかって竪機で織られる。ヤギやヒツジの毛を糸によりあわせて、竪機または水平機をつかって織物がつくられているわけである。

こうした竪機が、いつの時代から現生人類の社会のなかで使用されはじめたかは明確でない。最古の織物の遺物は、チェコ共和国のパヴロフ遺跡とドルニ・ヴェストニッツェ遺跡から出土している。この遺物は、植物繊維でつくった縄類と編み物の圧痕のある粘土の小片である。その年代は、二万七〇〇〇年前〜二万五〇〇〇年前ころとされている。これは、手編みで、竪機などをつかったものではない。それでも、新石器時代の到来をまたずに、織物の原形が出現している意味は大きいといえるだろう。織物の技術の活用は、ヨーロッパの一地域にとどまらず、ユーラシアのさまざまな地域でおこなわれていた可能性がかんがえられる。

植物繊維を使用した織物と動物の毛を使用した織物のどちらがはやく、竪機などによって製作されはじめたのかはわからない。どちらがはやく現生人類のなかでつくられはじめたのか不明だが、それほど時間差をおかないで両者の利用が開始された可能性はあるだろう。植物繊維にしても、動物の毛にしても、当該社会のなかではそれぞれ身近な素材であったからである。こうした素材を竪機などで織物にする技術が、新石器時代の到来のまえに開発されたとしても不思議とはいえないかもしれない。

ヒツジの毛を圧縮してつくるフェルトが、どのような経緯をへて現生人類のなかで利用されはじめたのか、その詳細については不明な部分がおおい。現時点で考古学的遺物としてもっとも古い事例は、シベリアのアルタイ山脈のパジリク古墳から出土したフェルトである。その年代は、紀元前三世紀ころとされる。パジリク古墳から出土したフェルトは、副葬品として埋葬された敷物である。考古学的な遺物として残存していないが、遊牧社会のなかでもっとはやくからフェルトの製作がおこなわれていたのは確実といってよいだろう。

ヤギの毛で織った織物やヒツジの毛を圧縮してつくったフェルトが、いつごろからテントの素材として使用されはじめたのだろうか。それを確認できる手がかりは、まったくのこされていない。そのなかでも明確にいえるのは、ヤギの毛の織物やヒツジの毛のフェルトが遊牧社会のなかで生みだされたということである。これらの製作の中心的役割を担ったのは、女性たちであったとかんがえられる。現在でも、テント用の織物やフェルト作りの主力となっているのは女性たちである。

遊牧民ユルックの社会などでは、ヤギやヒツジの剪毛《せんもう》は男性の仕事とされている。剪毛には、大型の握り鋏《ばさみ》が使用される。金属製の握り鋏の出土例は、三〇〇〇年前ころのギリシアの事例といわれる。金属製の握り鋏の出現が、ヤギやヒツジの剪毛の効率をたかめたことは確かといってよいだろう。ただ、金属製の握り鋏がなくても、金属製の小刀や黒曜石製の小刀などでも剪毛をおこなうことは可能であったとおもわれる。こうしたシンプルな道具を使用しても、すこし時間をかければ剪毛の仕事はできたであろう。ヤギやヒツジの毛を剪《き》って織物やフェルトをつくる仕事は、特別な道具がなくても実行された可能性がかんがえられるわけである。

織物やフェルトをつかった移動式住居であるテントが、どのような過程をへながら実用化されたのだろうか。五万年前ころにアフリカから西アジアに展開した現生人類は、洞窟のほかにさまざまな居住用の構造物の構築をこころみたとおもわれる。そのなかには、木の枝を支柱に野生動物の皮で覆いをした仮小屋的なものから、マンモスの骨を組みあげた本格的な住居までさまざまな形態がみられたであろう。四万年前ころから三万二〇〇〇年前ころにマンモスの骨を巧みに組んでつくられた円形の住居は、ヨーロッパ北部から中央ユーラシア北部の寒冷地帯からおおく発見されている。建材として使用されたマンモスの下顎骨や大腿骨、牙などは、白骨化した死骸や狩猟で獲得した死骸から入手したものとかんがえられる。マンモスの骨でつくった住居には、木の枝の支柱や屋根を覆う野生動物の皮もあわせてつかわれていたであろう。

移動式住居としてのテントは、木の枝を支柱に野生動物の皮を覆いとした仮小屋の系譜のなかから出現したとかんがえられる。こうした簡素な仮小屋であれば、移動にあわせて組みたてることが容易だからである。移動するときは、覆い用の皮を最低限もちあるけば充分に用をたすことができたであろう。覆い用の皮であれば人力ではこぶことも可能であるし、支柱用の木の枝は移動先でも調達できたとおもわれる。

仮小屋の系譜から出現した移動式住居の覆いの素材としてつかわれた野生動物の皮が、やがてヤギの毛で織った織物やヒツジの毛を圧縮したフェルトに姿をかえてゆくのは自然の流れであったといえるかもしれない。こうした流れのなかで出現したテントは、居住性のよさをもとめる方向で全体の重量を徐々に増していったとおもわれる。テントの重量が増加すると、移動のときに人力で運搬することは困難になる。これに対応して、はじめはウシの背がテントの運搬につかわれたであろう。のちには、牛車やラクダの背がテントの運搬の手段となっていった。

(1) 一九三四年六月二一日付で公布・施行された定住化法は、遊牧民の父系血縁原理にもとづいた社会集団であるアシレットの解体と弱体化を主要な目的とする。定住化法第一一条第一〇項には、つぎのような条文がしるされている。
A：アシレットの特権は、法的にみとめられない。この場合、いかなる公的機関や公文書、判決などにもとづいた権利であろうとも、以後撤廃されるものとする。アシレットの首長(ベイ)制、地方領主制、地主制、シェイフ(宗教的首長)制、および公文書・慣習法にもとづいたこれらの組織・結社は、いずれも禁止・撤廃されるものとする。

B：本法の公布以前、公的または公文書でみとめられた、あるいは超法規的、慣習法的にみとめられた、アシレットに所有権のある、または首長、領主、地主、シェイフへ所属するとされた、登記または無登記のすべての不動産は、国有財産と認定される。

松原正毅『遊牧の世界』平凡社ライブラリー、平凡社、二〇〇四年、三八九〜三九〇頁参照。

(2) 新疆北部のアルタイ山脈中のジャガスタイにおけるフィールドワークは、一九九二年七月と九三年七月におこなっている。このフィールドワークは、国際学術調査のための科学研究費補助金による「アルタイ・天山における遊牧の歴史の歴史民族学的研究」(一九九一〜九三年)の一環としておこなわれたものである。ジャガスタイでの観察記録の一部は、つぎの文章にしるした。

松原正毅「まえがき——アルタイ・天山からモンゴルへ」松原正毅編『中央アジアの歴史と現在——草原の叡智』勉誠出版、二〇二〇年、九頁。

(3) ヘロドトスは、馬乳酒(クミス)とおもわれる飲料の製法についてつぎのように記述している。

スキタイ人は、奴隷をすべて彼等の飲用する乳のために盲目にして、次のようにしている。彼等は横笛に最も酷似した骨の管をとり、これを雌馬の陰部へ差し込んで口で吹くのであって、一方の者が吹いている間に、他の者は乳を絞る事になっている。なぜこのような事をするかといえば、彼等は雌馬の血管が吹かれて膨脹し、そして、乳房が押し下げられると称している。そして、搾乳すると、それを木をくり抜いた器へ注ぎ込み、その器の周囲へそれらの盲人を順次並べて乳を震動させるのであって、その上部に浮かぶものは他より貴重な部分と見なしてこれをすくい取り、下へ沈むものはそれほど価値のないものとしている。このような事のためにスキタイ人はすべての捕虜を盲目にするのであるが、想像するに、これは彼等が農耕民ではなく遊牧民であるからである。

ヘロドトスの記述には奇妙なところがあるが、これはかれが直接に見聞したのではなく、伝聞にもとづいているからであろう。

ヘロドトス『歴史』新潮社、一九七〇年、二二五頁。

（4）地球上に棲息する野生状態のプルジェワリスキーウマが最後に確認できたのは、一九八六年である。このプルジェワリスキーウマは、モンゴル西北部のオブス・アイマク(県)のヒャルガス湖周辺で捕獲されたあと死亡している。遺体は剥製となり、ウラーンゴム博物館に展示された。わたし自身は、一九九三年九月にこの剥製と対面している。

（5）Charleen Gaunitz et al., "Ancient genomes revisit the ancestry of domestic and Przewalski's horses," *Science*, 360 (6384), 2018, pp. 111-114.

（6）佐藤俊「レンディーレ族と乳――北ケニアのラクダ遊牧民の事例から」雪印乳業健康生活研究所編、石毛直道・和仁皓明編著『乳利用の民族誌』中央法規出版、一九九二年、一〇七～一二二頁。

（7）堀内勝「アラブ世界のラクダ乳文化」『乳利用の民族誌』五七～八四頁。

（8）パット・シップマン、河合信和監訳、柴田譲治訳『ヒトとイヌがネアンデルタール人を絶滅させた』原書房、二〇一五年、一九七～一九八頁。

（9）同上、一九七頁。

（10）同上、二〇四頁。

（11）ロビン・ダンバー、松浦俊輔・服部清美訳『ことばの起源――猿の毛づくろい、人のゴシップ』青土社、二〇一六年、一〇〇～一一〇頁。

（12）スティーブン・ミズン、久保儀明訳『氷河期以後――紀元前二万年からはじまる人類史』上、青土社、二〇一五年、一三〇～一三四頁。

二〇〇三年一〇月、わたし自身ウルファ近郊のギョベクリ・テペ遺跡をおとずれた。その年の発掘作業をおえた現場では、姿をあらわしたT字型石柱を数本みることができた。

第5章

遊牧の展開

騎馬の少年たち．モンゴル西部にて．1995年8月．
松原正毅撮影，国立民族学博物館蔵

遊牧の核心

遊牧の核心にあるのは、自然との共生といってよいだろう。その基盤が、現生人類と野生動物群との共生関係の構築にあるからだ。原則的には、遊牧においては人為的な自然の改変はおこなわれない構造になっている。この点は、森林の伐採などによって耕地を確保し、大地を耕作することによって成立する農耕とは対照的な位置にあるといえる。農耕では自然の改変が前提となっているのに対して、遊牧ではあるがままの自然のなかで野生動物群との共生関係を通じて生活が維持される。当然ながら、共生関係をむすんだ野生動物群は自然の一部を構成しているわけである。

自然との共生の延長線上に、遊牧社会の特徴のひとつとして土地所有観念の不在があらわれてくる。遊牧民ユルックの社会をはじめとしてユーラシアの遊牧社会のおおくにおいては、原則として移動や放牧の場となっている土地に対する所有権を主張する観念はみられない。春夏秋冬に対応した各営地の使用も、原則的にはそこに到着した順におこなわれることがおおい。後着した個人やグループは、ほかの利用可能な空間をもとめてゆくわけである。古くに遊牧社会が形成されて以来、基本的には土地所有の主張にもとづかないシステムが遊牧社会のなかでは長期にわたって機能してきた。

現生人類の社会のなかで土地所有の観念がどのように芽生えて展開してきたかを詳細に跡づけることは、困難なところがある。一万年単位で時代をさかのぼって確認できる文字記録は存在しないし、考古学的記録によって土地所有観念のありかたを把握するのは不可能にちかいからである。それでも、土地所有の観念が起源的には農耕という生活様式のなかから発生したことは確実といえるだろう。農耕に定住化の要素が付加されると、土地所有の観念は強化される。くりかえしながい年月のなかでおなじ土地を耕作する行為のなかで、自己の身体の延長線で土地と一体化した観念が発生してくるとかんがえられるからである。

現時点で土地所有の観念の存在を確認できる最古の文字記録は、紀元前一八世紀にバビロニアで成立したハンムラビ法典のなかの記述である。ハンムラビ法典においては、すでに未開墾地や開墾地の所有権や売却権にかかわる記述がみられる。紀元前五世紀中ごろから形成される古代ローマ法では、土地所有権についての明記がある。時代をへるにつれて、世界の各地で土地所有の観念は徐々にひろがってゆく。それでも、土地を個人が所有する私有化の観念は限定的にみられただけである。おおくの場合、土地は王や皇帝などの所有とされている。

土地の私有化が世界的に一気に進行するのは、近代国家制度の形成からあとのことになる。土地登記法や土地所有権の法的整備が、近代国家制度の形成の前提として必要とされたからである。現在でも、土地私有化の進行の内容には国や地域によってかなりな幅のちがいがみられる。たとえば、中華人民共和国においては、土地の私有化は原則としてみとめられていない。公的にみとめられているのは、土地の使用権である。モンゴル国では、二〇〇二年六月に議会において土地私有化法案が可決されている。この法案では、土地の私有化がみとめられるのは都市部の住宅地に限定され、それ以外の土地のおおくは公有とされる。

広大な空間を家畜群とともに移動しながら生活する遊牧においては、本来的に土地所有の観念は不要のものであった。すべての土地は、天からあたえられたものであり、公に属するとかんがえられてきたわけである。土地所有の観念を不要とするかんがえは、遊牧社会だけでなく、焼畑耕作社会や狩猟採集社会にもひろくみられる。ボルネオなどに居住する伝統的な焼畑耕作民の社会では、強固な土地所有の観念はみられない。数年から十数年の単位で移動耕作をくりかえす焼畑農耕民の社会には、おおくの場合土地の使用権が共有されているくらいだ。売買をふくめて土地を自在に処分できる権利や観念は、ここには存在しない。

移動性の要素を強くもつ狩猟採集社会や遊牧社会、焼畑耕作社会においては、土地所有の観念はみずからの生活に規制の枠をはめる機能をもっているといえるだろう。広大な空間を自由に移動することが許容されなければ、その生活自体がなりたたなくなるからである。遊牧社会や狩猟採集社会、焼畑農耕社会における生活は、もともと土地所有の観念の埒外のところで成立しているわけである。ある意味では、土地所有の観念そのものが、定住的な農耕社会のなかで特異的に展開してきた歴史的な産物ともいえるだろう。

歴史的経過をへるにつれて、土地所有の観念は肥大化してゆく。土地所有観念の肥大化は、移動性の要素を強くもつ狩猟採集社会や遊牧社会、焼畑耕作社会などに激しい衝撃をあたえてきた。この衝撃力は、近代国家制度の形成の過程のなかで倍加していった。そのため、移動性の要素を強くもつ社会そのものの存続が困難になっている。

遊牧の資源活用

現生人類史のなかで遊牧のはたした歴史的役割は、きわめて大きいものであった。遊牧は農耕とともに狩猟採集の基盤から展開した生活様式であるが、あきらかに狩猟採集とは異なる生活の局面を切りひらいていっている。野生状態のヤギ群やヒツジ群との共生関係の構築によって、現生人類の小集団だけの閉鎖的な集団構成の枠をひろげることができたからである。これによって、狩猟採集時代にはできなかった資源活用の可能性もひらけてきた。遊牧を通じて資源活用の幅がひろがったことは、それがはたした重要な歴史的役割のひとつといってよいだろう。

遊牧によって現生人類にもたらされた最大の資源活用が、乳の利用であったことは確実といえる。野生ヤギ群・野生ヒツジ群との共生関係の持続のなかで搾乳がはじまるとともに、乳製品という重要な食糧源の確保が可能になったからである。チーズやバター、ヨーグルトなどの乳製品は、その発生の当初から現在にいたるまで長期にわたって遊牧生活を支える基本食糧の位置をたもちつづけている。乳製品の確保によって、遊牧生活の持続ができたわけである。

乳製品の確保は、遊牧社会だけに大きな恩恵をあたえたわけではない。のちに農耕社会のなかに牧畜の形でうけいれられて家畜化が進行するにつれて、ユーラシアのほとんどの地域でチーズやバター、ヨーグルトなどの利用がひろまってゆく。時代をへるごとに、現生人類における乳製品の食糧としての重要性はたかまっているといえる。現在では、乳製品の製造は、かなり規模の大きい産業のひとつにまでなっている。この事実だけからでも、遊牧の歴史的役割の大きさが明白といってよいだろう。

食糧源としての肉は、狩猟採集時代からさかんに利用されてきている。遊牧社会のなかでも、もちろん肉の利用はみられる。そうであっても、本来的に遊牧の起源が野生動物群との共生関係の構築にあるので、その野生動物群を常時的に食糧の対象としてあつかうことはほとんどなかったとおもわれる。遊牧民ユルックの社会の事例では、年間を通じて世帯単位で所有する家畜を屠《ほふ》って食用とする機会は数回くらいのかぎられたものとなっている。特別な客のもてなしや婚礼や犠牲祭などの社会的な儀式にともなって、肉料理が供せられるわけである。日常的な食事の場で肉料理を食する回数は、きわめてすくないといってよいだろう。

日常的な食事の場で肉食の機会や回数が増加するのは、あきらかに遊牧から牧畜が派生してからのことといえる。これは、家畜化の進行と並行する現象でもあるだろう。家畜化の進行のなかで、野生動物群との共生関係の構築という遊牧の出発点にあった原理が変容してゆくからである。遊牧民ユルックの社会などにおいて世帯単位で所有する家畜を屠って食用とする機会と回数が最小限のものになっているのは、野生動物群との共生関係の構築という原理が脈々と継承されているのを明示するといえるだろう。牧畜においては、家畜は肉用か搾乳用に特化される。牧畜のなかから、畜産という観念が芽生えてくる。このような観念のなかでは、けっして家畜が共生関係を構築する対象とはなりえないわけである。

現生人類との共生関係を構築する対象となった野生動物群(のちには家畜群)がもたらした資源は、乳と肉だけにとどまらない。それは、毛と皮である。いずれも、現生人類にとって貴重な資源といえる。毛と皮は、防寒具や衣類、敷物、テントなどの素材としてひろく活用された。とくに五畜のなかのヤギ・ヒツジ・ラクダの毛は、それを産出する個体の生存が持続しているかぎり毎年くりかえし入手できるすぐれた素材である。皮は個体の死とともにもたらされる資源という性質があるため、その確保にあたってある程度の限定性がともなわざるをえない。この性質は、個体を屠ることによってしか手にできない肉にも共通してみられるものである。遊牧社会において野生動物群(のちには家畜群)が現生人類に直接的に供給している資源のなかで、乳・毛は連続性のある性質、肉・皮は非連続性のある性質をもつといってよいだろう。

遊牧生活の支持基盤ともいえる乳・毛・皮・肉は、いずれも共生関係を構築した野生動物群(のちには家畜群)から産出する資源である。これらは、長期的な観点からみれば、すべて自然の循環のなかからもたらされる資源といってよいだろう。のちに家畜化が進行するなかでそれぞれの品質をめぐって現生人類側の選択がはじまるが、もともとは人為的な介入のない自然の産物の位置にあったとかんがえられる。そうした自然の産物の位置づけにあった期間の方が、厳しい選択による人為的な介入が始まってからの期間よりもはるかにながかったであろう。これは、遊牧が本来的に自然との共生を基盤にしていることが反映されているからである。

家畜化が進行するなかで家畜群の資源としての活用が顕著に拡大するのは、乳・毛・皮・肉とならんで家畜群の内包するエネルギーの利用である。とくに、大型家畜とされるウシ・ウマ・ラクダのもつエネルギーが、騎乗や車行に利用されるようになる。

騎馬の由来

現生人類のなかで、いつごろから野生動物に騎乗するこころみがはじまったのかを確認することは困難である。アフリカから西アジアへ移動した現生人類の一部が、そこで遭遇した野生ウマや野生ロバなどに冒険的ともいえる騎乗のこころみをおこなった可能性を全面的に否定することもできないが、それを確認できる手段もない。現時点でいえるのは、野生動物への騎乗のこころみが遊牧のなかからはじまったことであろう。その点だけをとっても、遊牧がはたした歴史的役割の大きさが評価できる。野生動物への騎乗によって、現生人類はみずからの二足歩行による移動速度をはるかに凌駕する速さを確保できたからである。これは、人類史上はじめてのこころみであったといえる。

野生動物への騎乗の最初のこころみは、野生ウマに乗ることであったとかんがえられる。野生ウマ群との共生関係の構築が継続するなかで、野生ウマの背に乗ることをかんがえついて、それを実行する人があらわれたわけである。この騎乗という行為は、はじめから利便性をもとめた功利的なものではなかった可能性が強いのではないだろうか。ひとつの可能性としてかんがえられるのは、子どもたちのなかの遊びとして騎乗がはじまったことである。構築された共生関係のなかで身近にいる子ウマや若ウマとの遊びの一環として、その背に乗るこころみがおこなわれたのだ。野生ウマへの騎乗の前史では、子どもたちの遊びのなかで野生ヤギや野生ヒツジの背に乗ることがさかんにおこなわれた可能性がかんがえられる。そうであるとすれば、子どもたちが野生ウマの背に乗る行為は比較的スムーズにはじまったといえる。

子どもたちが野生動物の背のうえで発揮するバランス能力は、抜群のものであったとかんがえられる。子どもたちのしめす優れたバランス能力は、現在の遊牧民の子どもたちの馬上での身のこなしにも確実に継承されている。騎馬の端緒をひらいた子どもたちは、野生の裸ウマの背のうえで手綱も鐙《あぶみ》も鞍もなしに自在に遊びをたのしんだはずである。騎馬に習熟した子どもたちのなかには、子ウマや若ウマだけでなく成ウマを乗りこなす能力をもつものもあらわれたであろう。

子どもたちのなかで遊びとして確立した騎馬の行為は、やがて大人たちのなかにもうけいれられていった。子どもたちの遊びのひとつが、どれくらいの時間をかけて大人たちのなかに浸透していったかをしるすべはない。ひとつの可能性として、子どもたちの遊びが大人たちのなかに浸透するまでの時間がそれほどかからなかったともかんがえられる。その時間は数十年、ながくても数百年の単位であったかもしれない。騎馬に習熟すると、地上を這うしかないいままでとまったく異なった世界が出現したはずである。騎馬は、現生人類にこれまで経験したことのない無上の楽しみをもたらした。

実際に裸ウマを乗りこなすのは、容易なことではない。手綱や銜《はみ》のない状態で騎馬の技術を身につけるには、時間が必要なだけでなく、卓越したバランス能力が不可欠だからである。これは、万人が騎馬に習熟するのが困難なことを意味する。おおくの人が騎馬をこなすためには、いくつかの工夫が必要であったわけである。まず第一番目に必要であったのは、手綱であったとおもわれる。当初、手綱はウマの首に紐などをまいたものであったであろう。このような手綱であっても、裸ウマよりは乗りこなしやすくなったかもしれない。それでも、ウマの首などにまいた手綱だけでは、自在な制御は困難であったとおもわれる。

ウマの制御にある程度の自在性がもたらされるのは、手綱と連動した銜の導入からとかんがえられる。銜は、ウマの切歯と前臼歯とのあいだに存在する歯槽間縁に挿入する棒状の道具である。この銜をウマの口にかませることによって、ウマに乗り手の意思をつたえることが可能になった。現時点で確認されている銜のもっとも古い使用をしめす事例は、カザフスタンのボタイ遺跡から発掘された銜痕のついたウマの歯とされている。その年代は、紀元前三五〇〇年である[1]。この歯に痕跡をのこした銜の材質がなにであるのかは確認できないが、骨や鹿角、木、縄などさまざまな材料が銜として利用されたとかんがえられる。青銅製の銜の使用がはじまるのは、紀元前一四世紀から紀元前一三世紀ころである。のちには、鉄製の銜がひろくもちいられるようになった。

銜の導入は、騎馬の歴史のなかで画期的なできごとであったといえる。ウマの歯のあいだに存在する間隙に銜をかませる工夫は、ウマの群れと身近な関係のもとに共生する遊牧民たちのなかでしか生まれなかったであろう。これは、ウマの生態を綿密に観察した成果のひとつである。手綱やそれに連動した銜の導入にあたっては、大人の男性たちが大きな役割をはたしたとおもわれる。考古学的遺物としてのこりにくい縄などの素材をつかった銜は、紀元前三五〇〇年という現在の知見よりもはるかに古い時代から使用されていた可能性があるだろう。ユーラシアにおける騎馬の技術のひろがりは、ウマの家畜化の進行とともにすすんでいった。

騎馬の道具として重要とされる鐙や鞍は、手綱や銜に比較すると年代的にずっと後の時代に出現する。鐙や鞍の出現が新しいということは、騎馬にとって手綱や銜ほどの重要性はみられないことを意味するのであろう。鐙や鞍は騎馬における快適性や安定性をもたらすが、手綱や銜のような不可欠性はすくないということでもある。手綱や銜がなければ騎馬は困難になるが、鐙や鞍がなくても最低限の騎馬は成立するわけである。

現時点までの考古学的資料などによると、鐙の出現はスキタイで紀元前四世紀、東アジアの漢代で紀元前二世紀ころとされる。紀元前九世紀ころのアッシリア騎兵をあらわした浮彫などでは、鐙や鞍もつけない状態で騎射をする姿が表現されている。こうした資料によって、鐙の使用が比較的新しく騎馬の技術がひろく拡散したなかではじまったことが確認できるであろう。ただ、縄や紐を鐙として利用することは、その出現よりも以前にみられた可能性はある。

鞍の出現は、紀元前七世紀から紀元前四世紀ころのスキタイからとされる。これらの遺物の一部は、同時代のスキタイの古墳から出土している。この鞍は、革製やフェルト製である。明瞭な形状の鞍が出現するまえに、フェルトや敷物をウマの背に敷いて使用していた可能性は強いとかんがえられる。

騎馬の成立と波及による影響は、ひじょうに強いものであった。交通手段においてこれまでにない速度をもたらしただけでなく、現生人類の活動範囲を飛躍的に拡大している。その大きな影響は、戦闘形態にまでおよんだ。ひとつの局面では、騎馬は従来の戦闘形態を一新するはたらきをしている。これも、遊牧がはたした歴史的役割の一端といえるだろう。

ラクダへの騎乗は、騎馬の延長線上に成立した。極北でみられるトナカイへの騎乗も、騎馬の技術を基盤にしている。

車行の歴史

馬車や牛車による車行は、現生人類史における運搬手段や交通手段の革新に画期的な貢献をもたらしている。この車行の出現は、遊牧社会だけのなかからあらわれたのではないが、遊牧の要素がなければみられなかったものといえるだろう。基本的に、遊牧を基盤にしたウシやウマ、ラクダなどの家畜化がなければ車行の現実化はなかったからである。その意味でも、遊牧の歴史的役割を評価する必要があるだろう。

車行が実体化するためには、ウシやウマ、ラクダなどの存在が前提としてあるとともに、車輪の発明がなければならない。車輪の出現がどのような経緯のなかでみられたのか、現時点で詳細なことを把握することは困難といえる。車輪の出現にまでいたる道筋が、かならずしも直線的なものとはいえないからである。現在ひとつの有力な道筋としてかんがえられているのは、土器作り用の轆轤《ろくろ》からの転用として車輪が出現するという説である②。軸を中心に横むきに回転する轆轤を、軸を固定して縦むきの回転をあたえることによって車輪が誕生するというわけである。これはひとつの仮説として成立する可能性がかんがえられるが、土器作り用の轆轤の出現の前段階を措定しておく必要があるだろう。

土器作り用の轆轤が出現する前段階で回転する道具として、紡錘車《ぼうすい》の存在が重要であったとおもわれる。紡錘車は、直径五センチメートル前後の円盤に軸を通した糸を撚《よ》る道具である。円盤の材質は、粘土や石、木、骨など多様である。一般的に、紡錘車の出現は新石器時代以降とされることがおおい。かならずしも、紡錘車の出現を新石器時代以降と断定できる確証があるわけではないようだ。紡錘車そのものの機能をかんがえれば、最初に小石を錘として回転させて糸を紡ぐ段階の存在したことも充分にありうるだろう。この小石に軸をむすびつけて回転させることによって糸紡ぎの効率をたかめ、やがて円盤の工夫にまでいたる道筋がかんがえられる。

紡錘車の出現は、現生人類における衣服の着用と密接な関係をもっているとおもわれる。現生人類がはやくに着用した衣服の形状や材質について確認できる手がかりは、まったくのこされていない。衣服の材料として毛皮が早期に利用されたことが、想像されているくらいだ。そのような状況のなかで、現生人類の衣服の着用時期についてひとつの示唆をあたえる知見が提示されている。それは、人間の衣服に寄生するコロモジラミの出現に関するＤＮＡ分析の結果である。この研究によれば、コロモジラミは七万年前にアタマジラミから分化したとされる。[3] 七万年前のコロモジラミの出現を前提とすれば、現生人類がそのころかそれより以前に衣服の着用をはじめた可能性がでてくるわけである。

かりに七万年前ころから現生人類による衣服の着用がはじまったとしても、それがどのような内容のものかを把握する手だてはない。それでも、コロモジラミのデータから、毛皮とともに布製の衣類の使用が新石器時代よりもはるかに古い時代からおこなわれた可能性をかんがえることができるであろう。そうであるとすれば、布地の原材料となる糸を紡ぐ紡錘車の使用も古くからはじまったといえる。軸を通した円盤を回転させる紡錘車使用のながい経験と歴史のつみかさねのなかから、土器作り用の轆轤が生みだされるのは自然の流れかもしれない。その土器作り用の轆轤の回転を横方向から縦方向にうつすことによって、車輪が誕生してくるわけである。あるいは、紡錘車の原理が轆轤と車輪にほとんど同時的に転化していった可能性もかんがえられるであろう。

現時点でもっとも古い車輪の使用例は、紀元前五〇〇〇年紀（ウバイド期）の古代メソポタミアにおいてとされている。この車輪は、牛車にもちいられたとかんがえられる。当初の車輪は、大木を輪切りにして円盤状に形をととのえ、木製の車軸を通したものである。紀元前四〇〇〇年紀には、三枚の半月形の木板を組みあわせた車輪がみられるようになる。ポーランド南部では、紀元前三五〇〇年ころとされる土器片に描かれた四輪車の絵が出土している。こうした事例を通して、車行が西アジアからかなりはやい速度で各地に拡散していることがうかがわれる。紀元前二八〇〇年から紀元前二七〇〇年ころには、古代メソポタミアで二頭だての馬車（チャリオット）の粘土模型がみられる。このころには、牛車とともに馬車の使用が並行しておこなわれるようになったのであろう。

牛車や馬車の出現は、遊牧を基盤にした家畜化と農耕を基盤にした西アジアの古代文明との接触のなかではじめて可能になったといえる。どちらが欠落していても、実現しなかったことであろう。車行の基盤となった車輪の出現においても、遊牧と農耕との接触が重要な端緒となったとかんがえられる。車輪の原形となった紡錘車が、植物繊維とともに羊毛などを糸に紡ぐ道具としてはやくからつかわれた可能性があるからである。紡錘車が、植物繊維と動物の毛のどちらを対象に糸を紡ぐ道具として使用されはじめたかを決定することはできない。両方の接触を通じて、ほぼ同時期に使用の開始があった可能性さえありうる。ただ、土器製作用の轆轤の使用が農耕社会のなかではじまったことは確実といえるだろう。容器としての土器の必要度は、遊牧社会のなかではそれほどたかいものではなかったからである。

荷物の運搬と交易活動

車行が出現する以前には、家畜の背に積載して荷物を運搬することがおこなわれていた。その積載量は、ウマで九〇キログラム前後、ウシで一五〇キログラム前後、ラクダで二五〇キログラム前後とされる。車行が出現したあとも、家畜の背による荷物の運搬はさかんにおこなわれた。

遊牧が形成された当初、野生動物群の背にのせて運搬しなければならない荷物はなにもなかったであろう。その当時、遊牧社会のなかで人の手ではこべないほどの重量のある家財道具はほとんどなかったとおもわれる。本来的に、移動が基盤になっている遊牧社会のなかで必要な家財道具類は極度に簡素なものであった。移動用住居であるテントの使用がはじまってから、状況はすこし変化する。ヤギの毛で織ったテントにしろ、フェルト製のテントにしろ、すこし距離のある移動にあたっては、ウシやウマ、ラクダなどの背による運搬が必要になったからだ。それでも、テントの運搬にかぎっていえば、一～二頭のラクダやウシの背があれば充分といえる重量である。

わたし自身がフィールドワークをおこなったトルコ系遊牧民ユルックの社会では、一世帯あたり六～七頭のラクダにすべての家財道具を積載して移動をおこなっている。数千年前あるいはそれよりさらにまえの移動時の状況に比較すれば、家財道具の量は幾分か増加したといえるだろう。料理道具などの生活用具の種類や数がすこしふえ、所有する衣類や敷物などの数量も微増し、トランジスタラジオなどの以前はなかった新製品も移動時の荷物にくわわっているからである。このような幾分かの増加はみられたにしても、家財道具の全体量が倍や数倍になるということはなかったであろう。それだけ、遊牧生活は基本的にきわめて簡素な生活体系からなりたっているといえる。そのような簡素な生活体系が、長期間にわたって持続しているわけである。

遊牧社会そのもののなかでは、家畜の背をつかった荷物の運搬が必要になる場面はきわめて限定されたものであったといえる。どうしても必要とされたのは、移動時の家財道具の運搬やまとまった量の乳製品や果実類・穀物類などの運搬くらいである。それも、それほど頻繁に必要とされたものではない。家畜の背をつかった相当量の荷物の運搬が必要となるのは、広い意味の交易活動が活発化してからのことといってよいだろう。

現生人類における交易活動の歴史的な実態については、判明していない部分がおおい。交易活動を反映した痕跡が考古学的遺物として残存することがきわめて稀なうえに、文字記録や図像記録のない時代における活動の実態を把握することが困難なためである。それでも、交易活動の展開した道筋をある程度たどることは可能であろう。交易活動そのものは、現生人類史のはやい段階からおこなわれていたとおもわれる。とくに黒曜石などの特産的な素材やビーズ玉のような美的表現をともなった作品などは、アフリカや西アジアなど広い地域で交易活動を通して分布をひろげた形跡がみられる。こうした交易活動は、もっぱら人の手によってささえられている。

現生人類史のながい期間は、ほとんど人の手による交易活動で占められていたとおもわれる。家畜の背をつかった相当量の荷物の運搬をともなう交易活動の開始は、比較的に新しい時代からであった可能性が強い。規模の大きい交易活動の開始には、いくつかの要件が必要であったであろう。その要件のひとつは、人の流れと物の流れをあわせてひきおこす宗教的・政治的権力の中心の創出である。

もうひとつの要件は、物の流れを支持できる仕掛けをつくることだ。

こうした宗教的中心の創出の萌芽とみられるのが、トルコのギョベクリ・テペ遺跡における祭祀遺構の出現である。一万二〇〇〇年前ころから二万年前ころまで宗教的中心の機能を保持したギョベクリ・テペ祭祀遺構は、季節に応じた巡礼者として多数の人びとの流れをひきよせる力を発揮した可能性がかんがえられる。このような多数の人びとの流れにともなって、供物などを家畜の背に乗せて運搬する行為がはじまっていたかもしれない。このとき使用された家畜は、ウシであった可能性が強いだろう。それも数頭単位での運搬で、のちの数十頭から数百頭単位の隊商(キャラバン)規模にはならなかったとおもわれる。

数百頭単位の大規模な隊商が、どの時代にどのような形で出現してくるかを明確に把握することは困難である。それでも、このような状況があらわれてくる背景には、政治的権力の中心性(しばしば宗教的中心性と重複することがおおい)の存在が大きくかかわっていたとおもわれる。政治的権力の中心性が、多数の人びとの流れと物流の拡大を促進したからである。それは、交易活動を活発化し、経済活動の規模を大きくする効果にむすびついてゆく。

現時点で歴史記録によって確認できる大規模な隊商の活動は、紀元前二〇〇〇年紀前後とされる数百頭のロバの隊列をつらねた交易とされる。[4] ロバの家畜化は、北アフリカ一帯に棲息していたアフリカノロバを原生種として紀元前五〇〇〇年ころにおこなわれたといわれる。これは、西アジアなどで先行していたヤギ・ヒツジ・ウシ・ウマなどの家畜化の影響をうけたものである。数百頭にのぼるロバの隊商は、錫や銅などの鉱物、塩、支配者たちへのささげ物などを西アジアからエジプトまでの広域にわたって運搬している。後世になって、隊商の主要な担い手はロバからラクダに移行した。なお、遊牧民ユルックやモンゴル遊牧民においてラクダは五畜のなかに含まれるが、ロバはそこから除外される。

社会編成の柔軟性

遊牧社会のもっとも大きな特徴は、社会編成の柔軟性にあるといってよいだろう。社会編成において固定化するところがすくなく、状況に柔軟に対応するところがおおいからである。遊牧社会における社会編成の基本には、父系血縁集団原理が存在している。父系血縁集団原理は、父方の系譜をたどって構成される集団認識である。

遊牧社会における父系血縁集団原理が、いつころから形成されたかを確認できる手だてはない。そうした歴史記録はほとんどのこされないし、遊牧社会の形成自体が文字による記録がはじまる時代よりもはるかにはやくおこなわれているからである。ひとつの可能性としてかんがえられるのは、現生人類が共生関係を構築した野生動物群における系譜認識が基盤となったことであろう。先述したように、遊牧の形成にあたって、女性たちが中心となって野生動物群を母系血縁集団原理にもとづいて把握していたことが重要な要素となったとかんがえられる。この野生動物群における母系の系譜認識を基盤として、現生人類における集団を父系の系譜認識のもとにとらえる転換をはかったわけである。

血縁関係において、母系と父系の認識は現生人類のなかではやくから存在したとおもわれる。これが母系や父系の系譜認識になると、不明瞭な部分がおおくなってくる。母系や父系の系譜認識においては、すくなくとも言語運用能力が不可欠となる。系譜を言語化したうえで記憶し、それを継承してゆく必要があるからである。母系の系譜の場合は母子関係という実体をともなうので、記憶の継承が比較的スムーズにおこなわれた可能性が強いといえるかもしれない。父系の系譜の記憶の継承にあたっては、想像力の強化という意識的な作業が必要であった可能性もあるだろう。その点では、母系の系譜の記憶の継承が父系の系譜の記憶の継承にすこし先行していたともかんがえられる。

遊牧社会における集団を父系の系譜認識のもとに把握することによって、ひとりの父系祖先を共有する血縁集団の意識が芽生えてくる。この父系血縁集団は、共属意識をもったメンバーによって構成されることになる。共属意識は、父系血縁集団の構成員のあいだに強い紐帯をもたらす。強い紐帯を基盤にした父系血縁集団は、ひとつのまとまりをもった社会集団としての機能をもちはじめる。これによって、まとまりをもった社会集団としての行動が可能になってくるわけである。

社会集団としての父系血縁集団は、状況に対応して政治集団にも軍事集団にも変容しうる。父系血縁集団を核として社会集団や政治集団、軍事集団となる多面性が、遊牧社会における社会編成の柔軟性をささえる根幹となっているといってよいだろう。この社会編成の柔軟性が、のちの歴史展開のなかで政治的・軍事的単位としての遊牧勢力の力を生みだしていった。

父系血縁集団を基盤とした遊牧社会は、周辺を狩猟採集社会や狩猟採集から農耕への移行期にある社会に囲まれた西アジアや中央アジアのなかで、かなり際だった特徴をもつ社会として機能しはじめていたであろう。野生ヤギ群や野生ヒツジ群とともに移動生活をおくりながら、父系血縁の系譜にもとづいた強い紐帯をそなえた社会として機能したのである。おおくの時間は広い空間に分散して生活しながら、あらそいごとなどの火急の事態があれば父系の系譜をたどる集団に結集して対応するという現象がみられるようになった。これは、遊牧社会の出現とともにあらわれた現象のひとつといえるだろう。当時の社会のなかで、父系血縁にもとづいた結束力をもつ集団の力にはあなどれないものがあったとおもわれる。

遊牧社会における父系血縁集団の規模は、当初においては当然ながら大きなものではなかったであろう。年代をへて遊牧社会の人口が漸増してゆくにつれて、父系血縁集団の規模もすこしずつ拡大していった。父系血縁集団の規模の拡大は、現生人類における社会組織の形成をうながす契機となった可能性がかんがえられる。父系血縁集団が数世代の単位で結節点をもった最小の社会組織となり、こうした社会組織が複数あつまることによって社会的な重層化が進行する。社会的な重層化の進行のなかで、権力や権威の存在を萌芽的に認識する思考がみられはじめたであろう。遊牧社会において、狩猟採集社会でみられる絶対的な平等主義をこえる社会編成の原理が芽生えてきたわけである。

遊牧社会における父系血縁集団の規模の拡大は、社会集団としての影響力の増大に連動してゆく。社会集団としての影響力の増大は、いくつかの局面で表面化する。そのひとつは、遊牧社会がひとつの政治勢力としての機能をもちはじめることである。たとえば、ひとつの可能性として、狩猟採集時代の祭祀遺跡とされるギョベクリ・テペ遺跡における祭祀組織の運営にあたって、政治勢力としての遊牧社会が一定の役割をはたしたことがかんがえられるかもしれない。遊牧社会の影響力増大のもうひとつの局面は、接触をもった狩猟採集社会から遊牧生活に参加してくる集団が漸増していったことである。それと同時並行的に、父系血縁集団の思想が拡大していったとかんがえられる。最終的には、父系血縁集団原理を基盤とする社会組織が、遊牧社会の枠をこえてひろがっていったであろう。

都市の形成

西アジアは、現生人類史のなかでもっともはやく都市の形成がみられた地域である。都市のとらえかたは定義のしかたによって変化するが、一義的な要件として重要なのは集住といえる。ひとつの場所に多数の人びとがあつまって長期的に生活することが、都市の形成の第一歩といえるだろう。集住がどのような過程をへて、現実化してゆくのか。集住の前提として、定住が不可欠といえるだろう。西アジアにおいては、定住化の現象は狩猟採集時代からみられるとされる。

西アジアにおける定住化の現象は、地中海東部沿岸地域(レバント)においてナトゥーフ文化期の諸遺跡で確認されている。ナトゥーフ文化は、紀元前一二五〇〇年から紀元前九五〇〇年ころまでの時代にあたる。ナトゥーフ文化期に属する複数の遺跡からは、直径三〜五メートルの円形で半地下式の住居址が発掘された。これらの定住集落の人口は、一〇〇人から一五〇人くらいの規模という推定がおこなわれている。

こうした集住をともなう定住化が、野生植物の採集において比較的安定した収穫が長期的に確保できるようになったことと連動していたという説明がされる場合がおおい。この説明に一定程度の妥当性のあることは、否定できないであろう。定住化への道の選択には、食糧の安定的な確保が必要条件であるからだ。それでも、それがそのまま十分条件となるわけではないようだ。狩猟採集に基盤をおく移動生活から定住生活への移行は、けっして円滑におこなわれたものではなかったとおもわれる。狩猟採集生活においては、食糧確保だけでなく健康維持のうえでも移動性が生活に適した要素であったといえるからである。狩猟採集生活のなかでの定住化を選択するにあたっては、なんらかの飛躍が介在したとかんがえられる。

移動性を原則とした狩猟採集生活のなかでの定住化の道の選択には、ある意味での思想の転換があった可能性がかんがえられる。それは、それまで普遍的であったといえる移動の思想からの脱却を意味するものであった。移動から定住への思想の転換の契機がなにであったかを確認することは、困難といえる。それでも、定住化へのこころみがひとつの時期を境にして突然あらわれたものではない可能性も強いともおもわれる。十数万年にわたる現生人類の狩猟採集生活のなかで、仮小屋的な構造物を利用した一時的な定住のこころみが無数におこなわれた可能性がたかいからである。

仮小屋を利用する一時的な定住の要因のひとつには、育児の問題があったとおもわれる。すくなくとも子どもの誕生から成育までの数年間は、一時的な定住をよりよい選択肢とするかんがえがはやくから芽生えていた可能性がある。子どもの誕生が連続すれば、定住の期間が長期化してゆく。こうした流れのなかで、移動にともなう生活の不安定性をできるだけ回避しようとする思考が強化される。そのなかから、移動から定住への思想転換がおこってくるのもひとつの自然の流れといえるかもしれない。遊牧は野生動物群との共生関係を構築することによって移動生活を継続したのに対し、定住を選択することを通じて農耕への道がひらかれたわけである。定住の選択にあたっては、思想の確立とともに野生植物の持続的で安定的な採取が不可欠であったといえるだろう。

集住をともなう定住化の明確な事例のひとつとして、ヨルダン川西岸のエリコ遺跡があげられる。エリコ遺跡では、紀元前八〇〇〇年前ころには高さ約四メートル、厚さ約二メートルの石壁が約四ヘクタールの空間の周囲にはりめぐらされた集落址の存在したことが確認されている。この事実から、集落址には同時代的に数百人から千人をこえる規模の集住のあった可能性が推測される。これだけの規模の集落は、町または都市の萌芽とかんがえることができるであろう。

注目すべき点は、この時代にすでに集落の周囲に石壁をめぐらす行為のあったことだ。この周壁を洪水にそなえた施設とする解釈もあるが、むしろ外部からの襲撃を防御する目的をもったものとみるべきであろう。外部からの襲撃をおこなう勢力として想定されるのは、当時の遊牧集団であった可能性がかんがえられる。集住する集団と遊牧する集団の衝突は、定住と移動の思想的な対立に起因するものであったかもしれない。この思想的な対立は、のちの歴史変動をひきおこしてゆく主要な原動力の機能を担うことになる。

西アジアにおいては、新石器時代にはいって年代をへるごとに集住する定住集落の遺跡が増加してゆく。そうした遺跡の代表的な事例のひとつは、トルコ中央部のチャタル・フユック遺跡である。チャタル・フユック遺跡の最下層は、紀元前七五〇〇年にまでさかのぼるとされている。チャタル・フユック遺跡のもっとも大きな特徴は、広さ約二五平方メートルの土レンガでできた部屋が密集した集合家屋からなりたっていることである。各個の世帯が居住したとおもわれる各部屋には窓やドアがなく、天井の一角から出入りをしていたとおもわれる。この居住形態は、ライオンなどの野獣の侵入をふせぐためとされているが、外敵のひとつに遊牧勢力のあった可能性もかんがえられるであろう[5]。

チャタル・フユック遺跡の居住人口は、五〇〇〇人から八〇〇〇人と推定されている。最大の人口規模は、約一万人ともいわれる。これは、都市の初期形態といってよいだろう。この後、紀元前四〇〇〇年から紀元前三〇〇〇年の時代になると、西アジアの各地で周囲を堅牢な城壁でかこった都市国家が数おおく出現してくる。イラクのウルク遺跡やシリアのルブンバ・カビラ遺跡などが、その代表的な事例の一部といえる。この強固な城壁をそなえた都市国家の出現にあたって、遊牧勢力の攻撃力が契機のひとつとして機能していた可能性が強いとおもわれる。多数の都市国家が並立する時代をむかえると、都市国家間の相互的な攻防が増加していった。

歴史変動の原動力

十数万年間にわたって継続した現生人類の狩猟採集時代は、比較的に同質的な社会が並存するような状況であったであろう。このような比較的に同質的な社会が並存するような時代においては、大規模な歴史変動はおこりにくいといえる。歴史変動にあたっては、異質性をそなえた社会の出現がひとつの契機になることがおおいといえるからである。

遊牧社会は、移動性という点では狩猟採集社会を継承しているが、野生動物群との共生関係の構築という点で異質性が付与されている。定住化をともなう農耕社会は、移動性からの離脱という点で狩猟採集社会とは次元の異なる大きな異質性を内包する社会となる。当然、農耕社会は栽培植物に依存するという点で遊牧社会との異質性がきわだってくる。こうした歴史的に形成された三者の異質性が、のちの相互的な接触を通じた歴史変動の源泉となった。

狩猟採集社会において個別的な集団間の接触の状況がどのようなものであったかを、具体的に把握できる手がかりはほとんどのこされていない。それでも、個別的な集団間において婚姻関係や交易関係にもとづいたさまざまな接触があったことは確実といえるだろう。そうした接触がなければ、現在までつづく現生人類史そのものの存在がありえなかったからである。西アジアでは、新石器時代の直前の時期からトルコ中部や東部産の黒曜石が広い範囲にわたって交易関係を通じてはこばれていたことが確認されている。

狩猟採集社会における個別的な集団間の接触には、平和的な関係だけでなく争いや衝突も含まれていたであろう。こうした争いの原因は、利害関係のもつれとともに個別的な集団のもつ価値観（ひいては文化）の相異にもとづくものであったとかんがえられる。個別的な集団における価値観の相異は、現生人類が出アフリカをへて西アジアへの展開をはじめてそれほど長期的な時間がたたない時点から生じはじめた可能性もあるだろう。そこには、言語の分化もともなっていたかもしれない。そうであるとすれば、比較的に同質性のたかい狩猟採集社会においてすでに小さな異質性が集団間に芽生えはじめていたとかんがえられる。

遊牧社会の形成は、個別的な集団間におけるこの小さな異質性を拡張するはたらきをもたらしたともいえるだろう。遊牧社会はもともと小規模な集団構成から出発したであろうが、時代をへるにつれて独自的な社会編成を展開するようになる。父系血縁の系譜を基盤にした柔軟な社会編成は、まとまった社会集団としての機能を遊牧社会にもたらした。まとまった社会集団としての機能をそなえた遊牧社会は、周辺の狩猟採集社会と組織性において明確な異質性をしめしはじめる。歴史的な経過のなかで、遊牧社会の異質性が周辺の狩猟採集社会に大きな影響をあたえた可能性がかんがえられる。その影響のあらわれの一例として、狩猟採集時代のギョベクリ・テペ祭祀遺構における祭祀組織や祭祀集団の出現をあげることができるであろう。このような事例は、西アジアにおける歴史変動の端緒といえる。

西アジアにおいて定住化をともなう農耕社会が形成されるとともに、遊牧社会や狩猟採集社会との異質性がきわだったものとなってくる。とくに移動性を放棄して定住性を選択したことによって、異質性の溝が深くなったといえるだろう。生活の基盤における移動と定住をめぐって、遊牧社会と農耕社会とのあいだに相互的に否定的な評価が芽生えてくるからである。のちに農耕社会のなかでは移動生活そのものが、遊牧社会のなかでは定住生活そのものが、それぞれ否定的な評価の対象とされる。こうした相互的に否定的な評価は、それぞれの生活への理解をさまたげ、両者の対立にまでむすびつく事態もみられている。

もちろん、遊牧社会と農耕社会が四六時中にわたって対立抗争をつづけていたわけではない。歴史的には、むしろ遊牧社会と農耕社会とは平和的に共存していた時間の方がながいといってよいだろう。遊牧社会の乳製品と農耕社会の農産物との交換は、はやくからみられたはずである。遊牧社会のなかで開始された野生動物群との共生は、農耕社会のなかの家畜群として大量にうけいれられてゆく。そこから、のちに西アジアなどで有畜農耕が展開されていったわけである。現在にまでいたる現生人類の歴史は、遊牧社会と農耕社会のどちらが欠落しても成立しなかったといっても過言とはいえないだろう。

遊牧社会と農耕社会がつねに対立抗争をくりかえしていたのではないが、両者における異質性の相互認識が西アジアを含むユーラシアの歴史変動の原動力になっていることは確実といえる。異質性を相互的に認識している遊牧社会と農耕社会が直接的な接触をするとき、さまざまな歴史変動がくりかえしおこっている。西アジアで紀元前六〇〇〇年紀からはじまるとされる堅固な城壁で囲われた都市国家の形成にあたって、遊牧勢力の攻撃性が介在した可能性が強いとおもわれる。定住性のうえに空間を城壁という障害物で囲う行為は、移動性を生活の基盤とする遊牧社会にとってもっとも異質性を実感するものであったからである。遊牧社会による都市国家への攻撃は、ひとつの空間を人工的な障害物で囲う行為そのものの否定の表現であった可能性もかんがえられるだろう。

都市国家の形成にあたって遊牧勢力の攻撃性の介在がおこることによって、都市国家の防御態勢はさらに強固なものになってゆく。防御態勢の強化は、防壁を堅牢なものにするとともに、内部の社会組織の編成にまでおよんでいったであろう。急速に権力体制の整備がすすみ、社会体制そのものの変化が展開されてゆくわけである。こうして大規模な歴史変動の歯車がまわりはじめ、西アジア以外の地域にも大きな影響をおよぼしていった。

西アジアにおける統治機構

西アジアにおいて、都市国家の形成が展開するとともに都市国家間での勢力争いや競合が増加してゆく。こうした都市国家間での勢力争いや競合は、相互間での異質性の増殖が大きな要因となっている。異質性の増殖には、自己運動的な側面がおおいといえるだろう。異質性の認識が当初は遊牧生活と定住化をともなう農耕生活とのあいだではじまったのにもかかわらず、そうした枠組みをこえた自己運動が展開してゆくわけである。こうした自己運動の展開の背後には、権力の発生と統治機構の形成が深くかかわっている。

権力の発生がどの時点までさかのぼってみられるのか、不明な点がおおい。権力を広義の意味でとらえるとき、狩猟採集社会のなかでその発生がみられたとかんがえることができるであろう。狩猟採集社会は原則的に平等主義的な構造であるが、そのなかでも個人的な能力に基盤をおいた権力的な機能の存在を否定できないからである。権力的な機能が存在するのは、おもに人間関係のもつれや食べものの分配にかかわる争いなどを調整する必要のある場であったであろう。こうした場において公正さなどの点で集団の構成員から評価をうける個人が、リーダーとしての役割をはたしたわけである。このリーダーの存在のなかに、権力の発生をみることができる。

権力の基盤を確固としたものにしてゆくためには、ある個人を集団内で差異化する仕組みが不可欠であった。差異化の仕組みとしてもっとも力を発揮したのが、聖性や神聖性との近接性の認識であったであろう。狩猟採集時代の現生人類の社会のなかで、アニミズムやシャーマニズムの宗教観念が確立していた可能性は強いとおもわれる。アニミズムやシャーマニズムのなかでは、聖性や神聖性は重要な中核的観念となる。この聖性や神聖性と近接した個人ほど、集団のなかで差異化された力をもつ存在となってゆくわけである。聖性や神聖性にもっとも近接した個人は、権力を身におびた存在と位置づけられる。ここに卓越した個人的能力が重複すると、権力の基盤は強固さをましてゆく。

はやい時期に形成された西アジアの遊牧社会において、父系血縁原理にもとづく社会集団の編成の規模が拡大するなかで権力の組織化の萌芽がみられた可能性がたかいとおもわれる。この権力の組織化にあたって、聖性や神聖性に近接することによる差異化や個人の能力の卓越性が機能するところがおおかったであろう。遊牧社会における権力の萌芽的な組織化は、当然、周辺の狩猟採集社会や定住化をともなった農耕社会にも大きな影響をおよぼしてゆく。アニミズムやシャーマニズムの宗教的観念は狩猟採集社会や農耕社会にも共有されていた部分がおおかったとおもわれるので、聖性や神聖性に近接することによる差異化の観念もひろくうけいれられたとかんがえられる。

一万二〇〇〇年前までさかのぼるトルコのギョベクリ・テペ祭祀遺構における事例は、聖性や神聖性の具象的表現とともに権力の組織化の萌芽を表象したものと解釈できるであろう。八五〇〇年前とされるトルコのチャタル・フユック遺跡では、数千人規模の集住住居とともに雄ウシの頭骨を壁に埋めた祭祀空間が出現している。ここから、聖性や神聖性の具象的表現とともに祭祀組織の形成がはじまったことがかんがえられるであろう。西アジアにおいて、祭祀組織の形成から数百年から千年以上の時間が経過するなかで、祭祀組織は統治組織に展開してゆく。統治組織の中心には神聖王が位置し、都市の中心には神殿が位置する構図ができあがる。

メソポタミアでは、七〇〇〇年前ころからエリドゥ遺跡などでのちのジッグラト（巨大な聖塔）の前身となる神殿建築が出現する。この神殿建築は、日干しレンガをつかった方形の構造物で、たかい塔をそなえている。五〇〇〇年前ころになると、メソポタミアのウルやフーゼスタン（イラン）のエラムなどで巨大なジッグラトがみられるようになる。神官を中心とした祭祀組織の規模の拡大と同時並行的に、祭祀を維持するために経済活動が活発化し、それを全体的に円滑に運営するための統治機構が精緻化していった。この一連の流れのなかから、シュメール文明における楔形《くさびがた》文字の使用がはじまっている。楔形文字は、おもに神殿経済の記録文書、行政文書のなかでつかわれた。

西アジアにおいて頻繁におこった都市国家間での争いや競合は、それぞれが信仰し祭祀の対象とする神々の争いを反映した側面がある。その争いは、神々の争いをうけた代理戦争的な性格もあったわけである。抽象的な宗教観念のなかで、異質性がきわだって肥大化してゆく傾向があるからだ。この異質性の相互的な認識は、都市国家間の争いの火種をつねにかかえているような状態をもたらしたといえるだろう。もちろん、都市国家間の争いの火種は実利的な利害関係の衝突や権力の誇示行動のなかにも存在している。それでも、おおくの支配者が神の代理や化身を主張するなかでは、争いの火種を消すことは困難であったといえる。

西アジアにおける統治機構の形成と精緻化にあたって、遊牧社会との接触が重要な役割をはたしたとおもわれる。統治をするという思想そのものが、遊牧社会と接触した農耕社会や都市社会のなかで芽生えた可能性がかんがえられるからである。遊牧社会のなかでは野生動物群や家畜群は共生関係を構築する相手と位置づけられるが、農耕社会や都市社会のなかでは家畜群は管理をする対象とされることがおおい。管理の対象は、統治の対象に置換されるわけである。とくに、神聖王の観念が強化されてゆくにつれて、差異化された民衆は管理され統治をうける存在になってゆく。それに対応して、統治機構の精緻化が進行する。

西アジアにおける統治機構の形成のなかで、遊牧社会の直接的な影響を明示する事例がみられる。それは、シュメール社会における宦官の出現である。宦官は、去勢をほどこした男性を統治機構のなかの一員として活用するものだ。シュメール社会のなかでは、去勢をうけた男性を官吏としてだけでなく奴隷とすることもあった。のちには、刑罰の一環として去勢が実施されている。

去勢は、もともと遊牧社会のなかで家畜群の一部のオスを対象としておこなわれたものである。遊牧社会においては、去勢は人間のオスを対象とした技術ではなかったわけである。遊牧社会と接触したシュメール社会のなかで、統治機構の歯車のひとつとして去勢の技術を人間の男性に適用したといえる。

文字記録のなかの遊牧民

遊牧民自身がみずからの記録をほとんどのこさないためだけでなく、現生人類における文字使用の開始が比較的あたらしい(シュメールの楔形文字は紀元前三五〇〇年ころから使用)こともあって、文字記録のなかで遊牧民の姿を明確に確認できるのは二千数百年前からになる。前述したように、それはヘロドトスの『歴史』(紀元前五世紀)と司馬遷『史記』(紀元前一世紀)である。それ以前の文字記録のなかでは、スキタイや匈奴だけでなくそれに先行する遊牧民についての明確な記述はみられない。

現在確認できる古代の文字記録のなかに遊牧民についての明確な記述がないからといって、遊牧民の活動がなかったことを意味するわけではない。遊牧民の活動は、西アジアにおいては数万年にわたって継続してきたのである。文字記録としてはなにものこっていないが、西アジアにおける都市国家の形成にあたっては遊牧社会との接触が大きな役割をはたしたとかんがえられる。遊牧社会との接触がなければ、都市国家の形成過程がちがった形になった可能性さえあるだろう。遊牧社会との対立が都市国家の形成を加速化した場合もあれば、遊牧民自身が都市国家形成の一翼を担った場合もあったとおもわれる。

文字記録にはまったくのこされていないが、遊牧民が中核となって都市国家の形成にかかわった可能性も全面的に否定することはできないかもしれない。遊牧社会が、おおくの場面において歴史変動の原動力の役割をはたしているからである。直接的に遊牧民が主力になっていることを明示するものはなにもないが、ナイル川下流の下エジプトに本拠地をおくエジプト第一五王朝(紀元前一六六三ころ～紀元前一五五五年ころ)を建てたヒクソスのなかに遊牧民的な要素をもった勢力が一部くわわっていた可能性がかんがえられる。ヒクソスという名称は、「異国の支配者たち」を意味する古代エジプト語の「ヘカウ・カスウト」のギリシア語形に由来するとされる。ヒクソスは、もともとシリア・パレスチナ地域に起源する多様な出自をもつ人びとの混成集団であったといわれる⑹。

ヒクソスの実態については、不明な部分がおおい。後世のエジプト史のなかでヒクソスが異民族の支配者としてあつかわれたところがあるので、抹殺された歴史部分がおおいためである。それでも、ヒクソスによってはじめてエジプトに戦車や複合弓などの当時の新鋭の武器がもたらされたことは事実のようだ。ひとつの可能性として、遊牧民の集団が軍事勢力の一端を担ったこともかんがえられるかもしれない。最終的には、エジプト第一五王朝はナイル川上流の上エジプトを本拠地とするエジプト第一七王朝とエジプト第一八王朝との抗争にやぶれ滅亡する。その滅亡の最終地は、パレスチナ地域であった。ヒクソスの事績についての文字記録が編まれるのは、滅亡から千数百年を経過した紀元前三世紀ころになる。

西アジアではやくに形成された遊牧社会は、中央アジアや東アジア、北アジアにゆるやかに拡大してゆく。遊牧社会の拡大は、野生動物群と行をともにした移動とあわせて、各地域の狩猟採集民が遊牧生活に身を投ずることによって徐々に進行していったとかんがえられる。遊牧社会の拡大の足跡を考古学的な手法で確認することは不可能といえるが、生態学的な条件などを考慮すると中央アジアへは東アジアや北アジアよりはやくに遊牧社会の拡大がおよんでいた可能性がたかいといえるだろう。

さきにもふれたように、東アジアにおける遊牧民の活動の姿を文字記録のなかで直接的に確認できるのは、紀元前一世紀の『史記』匈奴伝の出現からである。それ以前の遊牧民の活動の姿は、ひじょうに限定された資料のなかで不充分な形でしかみることができない。限定された資料のなかで、もっとも有効な情報をもたらすのが甲骨文字である。

甲骨文字は、紀元前一四世紀ころから出現する古代中国の文字資料である。この文字資料は、殷王朝のなかで神意を問うた卜占《ぼくせん》の内容を亀甲や牛骨(肩胛骨《けんこうこつ》)などに刻みこんだ祭祀記録の性格をもつ。この祭祀記録は、神聖王と一体化した聖性を帯びた文書といえる。卜占の主要な内容は、年の稔《みの》り、神の祭祀、軍事、狩猟、天候などにかかわる吉凶を問うものである。年の稔りや収穫の多寡を問う卜占がおおくみられるところから、基本的に殷王朝の基盤が農耕にあったことがわかる。

注目すべきことは、卜占にともなう祭祀のなかで一度に多数の犠牲獣が供せられている点である。一度の祭祀で供せられる犠牲獣は数頭から十数頭のことがおおいが、もっとも多数の事例では数百頭(ウシ三〇〇頭、ヒツジ三〇〇頭)におよんでいる。犠牲獣として供せられるのは、ウシとヒツジのほかブタやイヌなどである。ウマは、殉葬にもちいられている。犠牲のささげかたは、火に投じたり、水中に沈めたり、土中に埋めたり、まっぷたつに切り割いたりと多様である。

殷の祭祀のなかでこれだけ多数の犠牲獣が日常的に頻繁に供せられているのは、殷の社会そのものがなんらかの形で遊牧社会と接触をもっていたからとおもわれる。多数のウシやヒツジを犠牲獣として持続的に確保するためには、遊牧社会との接点をもたなければ困難だからである。農耕だけに立脚した社会においては、多数の犠牲獣をともなう祭祀の発想はでてこなかったかもしれない。

殷の社会と遊牧社会との接触は、どのような形でおこなわれたのであろうか。甲骨文字のなかには、ウシとヒツジ、ウマにあたる文字が明確にみられる。五畜のなかで、ヤギとラクダ以外の家畜の文字がこの時代からそろっているということである。ヤギが殷の時代にいなかったのかどうか、よくわからない。ヤギを、ヒツジの概念のなかに包含している可能性もあるからである。ラクダは、殷の社会のなかには導入されていないということであろう。甲骨文字に記録された文章の内容だけからは、遊牧社会との接触の形がどのようなものであったかを判断することは難しい。最低限いえるのは、遊牧生活にかかわる事象はまったく卜占の対象とされていないことである。

殷の社会と遊牧社会との接触の形のありかたのひとつの可能性としてかんがえられるのは、殷の構成集団の周縁的な一郭に遊牧集団の一部をかかえこんでいる状態である。この周縁的な構成集団としての遊牧集団は、常時的に隷属状態にあったわけでなく、離合集散をくりかえしていただろう。殷に西北の方角から何度となく攻めいっている土方《どほう》などの異族とされる集団は、殷に対抗する遊牧民族であった可能性がたかい。土方などの殷の西北や北に居住する遊牧民たちとの接触は、緊張と平穏さをくりかえす状態であったとおもわれる。その状態は、のちの漢と匈奴との関係に相似したものであったであろう。

『歴史』にしるされたスキタイ

偉大な歴史書『歴史』をのこしたヘロドトスは、紀元前四八〇年ころ小アジアのハリカルナッソス(地中海沿岸に位置するトルコのボドルム)に生まれた。ギリシア方言のひとつイオニア語を母語とするヘロドトスは、当時アケメネス朝ペルシアの支配下にあった故郷周辺の地だけでなくペルシア各地やエジプト、地中海沿岸のヨーロッパなど広い地域を旅して見聞を深めている。たちよった地のさまざまな人びとからの聞きがきの詳細な記録にもとづく当時の同時代史をまとめるとともに、その時代にさきだつ歴史の考察をおこなった。

ヘロドトスはスキタイの影響のおよんだ地の一部にみずから足をはこび、さまざまな人たちから話をきいている。巻Ⅰから巻Ⅸで構成される『歴史』(この巻構成はヘロドトス自身ではなく、後世のアレクサンドリアの学者がおこなった)のなかで、スキタイについての記述は巻Ⅳの半分ちかくの分量があてられている。ヘロドトスが記述したスキタイについての話は、アケメネス朝ペルシアのダレイオス一世

（在位紀元前五二二〜紀元前四八六年）が紀元前五一三年ころにおこなったスキタイ討伐のための遠征の一部始終を中心としたものである。ダレイオス一世のスキタイ遠征はヘロドトス生誕の三十数年前のできごとだったので、それを記憶している人も存命であったろうし、生き生きとした伝承がおおくの人に継承されていたであろう。

ヘロドトスの記述によれば、ダレイオス一世のスキタイ遠征はメディア王国を滅亡させたスキタイへの報復のためであったという。ペルシア軍は小アジア（現在のトルコのアナトリア）からボスポラス海峡をわたってトラキアにはいり、黒海西岸を北上してスキタイの本拠地とされる黒海北岸の地を目ざして攻めすすむ。攻撃の対象となったスキタイ軍は正面からの戦闘を回避し、故意に退却しながらペルシア軍に消耗戦をしかける。スキタイ側には、明確な攻撃目標となる都市も城塞もなかったのである。最終的には、スキタイ軍にさんざん翻弄されたペルシア軍はなんの戦果もなく退却せざるをえなかった。ダレイオス一世のスキタイ遠征は、失敗におわる。

ダレイオス一世によるスキタイ遠征の顚末を記述するなかで、ヘロドトスはスキタイの生活や歴史にもふれている。そのなかで、ヘロドトスはスキタイの生活の特徴をつぎのように集約した。スキタイには都市も城塞もないばかりか、定住する家も耕作地もない。スキタイの人びとは家畜に生活の基盤をおいて、ほろ車でつねに移動生活をおくる。そのうえ、全員が生来の騎馬弓兵といえる。そのようなスキタイに対抗するすべはなかった、とヘロドトスは結論づけている。

ヘロドトスの記述によると、スキタイには農耕スキタイ、農業スキタイ、遊牧スキタイ、王族スキタイの四種があるという。ヘロドトスの記述では、スキタイの領域のなかで農耕スキタイがもっとも西端に位置し、農業スキタイ、遊牧スキタイ、王族スキタイの順に東にひろがっている。農耕スキタイは、食用ではなく売却のためムギの栽培をおこなっているという。農業スキタイについては、具体的な生業の内容についてはまったく説明されていない。農耕スキタイも農業スキタイも、スキタイの支配がおよぶまえから農耕に従事していた先住民であった可能性が強い。スキタイの領域内にくりこまれるとともに、言語がスキタイ語化したのであろう。

ヘロドトスによれば、スキタイはもともと居住していた東方の地をマッサゲタイによって追われ、キンメリア(黒海の北部、現在のウクライナ南部)の地に移動してきたとされる。マッサゲタイは、スキタイと同種の遊牧民といわれる。キンメリア人の残党を追ったスキタイは、カスピ海の西岸を南下してメディア王国(イラン北西部が支配領域。紀元前七一五〜紀元前五五〇年)に攻めいり、二八年間その地を支配したとされる。その支配は、メディアのフラオルテス王(在位紀元前六六五ころ〜紀元前六三三年)の死後のことといわれている。紀元前七世紀の中ころにあたるであろう。メディア王国を亡ぼしてイランの地の支配権をにぎったアケメネス朝ペルシアがスキタイへの報復の遠征をおこなうのは、スキタイ支配の数十年後のことになる。

ヘロドトスの『歴史』のなかで言及された遊牧民の集団だけでも、多数にのぼる。そのなかでヘロドトスがスキタイ系と明言した集団も、系統の明瞭でない集団もある。スキタイ系とされているのは、マッサゲタイやサウロマタイなどである。サウロマタイは、ヘロドトスの記述ではスキタイの若者と女性戦士集団アマゾンとのあいだに生まれた子どもたちの子孫とされている。アマゾンの女性たちがスキタイ語を充分に習得しなかったので、サウロマタイは不完全なスキタイ語をつかっているといわれる。こうした多数の遊牧民集団が争いなどの要因で、移動をくりかえしているわけである。こうした移動は、おおくの場合玉突き運動をひきおこしている。遊牧民集団のなかの玉突き運動をともなった移動が、おおくの歴史変動の原動力となったといえるだろう。

スキタイがどの地からあらわれたのかについては、まだよくわからないところがおおい。最近になって、アジアの東方からスキタイが移動してきたとするヘロドトスの説明を補強する考古学的な資料が発掘された。それは、スキタイの活動がさかんにみられたウクライナ南部から数千キロメートル東方の南シベリアのトゥバ共和国のアルジャン古墳からである。一九七一年に発掘されたアルジャン古墳は、トゥバ共和国の首都キジルの北西約一〇〇キロメートルのところに位置している。直径一一〇メートルの積石塚の巨大な円墳である。積石の下部には、井桁に組まれた丸太で放射状の木槨《もっかく》墓室がつくられている。木槨墓室からは、木棺におさめられた遺体が一八体と一三カ所にまとめられたウマの遺骸が多数発見された(7)。

アルジャン古墳から発掘された副葬品のなかには、馬具や戦斧《せんぷ》、鏃《やじり》、飾板《かざりいた》などのスキタイ様式を表現した青銅製品が多数ふくまれている。これらの青銅製品のおおくは、黒海北岸や北カフカスの先スキタイ時代とされる同種のものときわめて類似している。木槨に使用された丸太を炭素一四年代測定法によって分析した結果、紀元前八五〇±五〇年と紀元前八二〇±五〇年という年代がえられた。これは、現在までしられているスキタイ遺物のなかではもっともはやい年代となる。そうであるとすれば、スキタイが早期に形成された地は南シベリアである可能性が強くなるわけである。

匈奴の登場

スキタイの故地が南シベリアにあったとすれば、西アジアからの遊牧の流れが各地にひろがる過程をへて、逆に東から西へむかう流れも生まれてきたとかんがえることができるであろう。現在のこされている文字記録のなかでは確認できないが、実際にはもっと複雑な遊牧民の移動の流れが存在していた可能性もかんがえられる。ユーラシアの西と東とのあいだを双方向にむかう移動の流れが、いくつかの地域で錯綜した渦をまきおこしたことは確かといえるだろう。

明瞭な匈奴の姿が登場するのは、司馬遷の『史記』匈奴伝の記述からである。匈奴伝の記述にもとづけば、匈奴の強国としての出現は紀元前三世紀末のことである。匈奴の祖先とされる淳維《じゅんい》から紀元前二〇九年に頭曼《とうまん》が単于《ぜんう》となるまでのあいだには、千余年の歳月が流れたと司馬遷はしるしている。千余年という歳月の表記がかならずしも正確なものとはいえないが、すくなくとも司馬遷の時代に匈奴の歴史がかなり古いものであるという認識が存在していたことは確実といえる。匈奴伝の冒頭に、司馬遷はつぎのようにしるしている(8)。

匈奴、その先祖は夏后《かこうし》氏の子孫であって、名を淳維といった。唐(堯)・虞《ぐ》(舜)よりさらに前の時代にも、山戎《さんじゅう》、獫狁《けんいん》、葷粥《くんいく》の諸族がおり、北方の蛮地に居住していた。彼等は畜類を牧するために転移する。その家畜で多いものは馬・牛・羊であり、特殊の家畜は橐駞《たくだ》……。水と草とをもとめて転々と移動し、城郭や常住地・耕田の作業はない。……文書はなく、言語を以て〔相互に〕

約束をする。小児もよく羊に騎《の》り、弓をひいて鳥・鼠を射ることができる。少しく成長すれば狐や兎を射て食用とする。……勝つと見れば進み、不利と見れば退き、遁走を恥としない。利益ありと知れば、礼義をもかえりみぬ。君王より以下、皆、畜肉を食料とし、その皮革を衣服とし、旃裘《せんきゅう》(毛織毛皮の衣)を被《き》る。壮年の者は美味栄養の食物をとり、老者はその余りものを飲食する。壮年強健を貴び、老弱を賤しむのである。父が死ぬと、その後母(継母)を妻とし、兄弟が死ぬと皆その妻をとってこれを自分の妻とする。その習俗として、〔人々には〕名はあるが諱《いみな》の風習はなく、且つ姓と字《あざな》がない。

司馬遷の認識では、匈奴は殷・周時代に先だつ夏《か》王朝の一族(夏后氏)の子孫というものであった。最近になって、河南省偃師二里頭遺跡などで殷代に先行する都市遺跡が発掘され、夏の実在の可能性がたかまってきている。夏の実在の可能性がたかまったとしても、匈奴を夏后氏の一族とするのはひとつの伝承にしかすぎない。それを史実とすることはできないが、重要なのは夏よりもはるかに古い堯舜よりも先行した時代に遊牧民の山戎・獫狁・葷粥などの存在があったという認識が記述されているところである。さらに、匈奴よりも古い時代の遊牧民たちが「北方の蛮地に居住」し「畜類を牧するために転移する」生活をおくっていたことが了解されている。

匈奴伝において山戎などとよばれた遊牧民と、甲骨文字にあらわれる土方などの遊牧民とのあいだにどのようなつながりがあったかを確認できる手だてはまったくのこされていない。それでも、匈奴伝で記述されたように、「北方の蛮地」で家畜群とともに暮らす遊牧生活が営々といとなまれたことは確実といってよいだろう。匈奴伝にみる記述は、こうした北方の遊牧民についての歴史の伝承をつたえるものといえる。

匈奴伝のなかでは、匈奴の家畜としてウマ・ウシ・ヒツジがあげられているが、ヤギの名がしるされていない。これは、甲骨文字の事例とおなじといえる。当時の司馬遷たちのなかでは、ヒツジのなかにヤギを包含して把握していたのであろう。匈奴伝の家畜名称のなかにみられる橐駝は、ラクダのことである。甲骨文字にはラクダにあたる文字はなかったが、すくなくとも司馬遷の時代にはラクダの存在がしられていたといえる。

匈奴伝の記述によると、冒頓《ぼくとつ》単于の時代から匈奴は強盛な勢力をもつようになる。匈奴の冒頓単于は、漢の高祖と兄弟の約をむすんで両者のあいだの争いをおさめ、漢側からの贈りものをうけとっている。その贈りものとして、ひとりの女性を公主(皇女)として単于に嫁がせ、一定量の絮《まわた》、繒《きぬ》、酒、米、食物を毎年匈奴側に呈上するというとりきめであった。あきらかに、匈奴側が優勢なとりきめの内容である。匈奴と漢とのあいだの和親の約束は、何度も破られたりむすびなおされたりしながらも、司馬遷による『史記』の執筆時(紀元前九一年ころ)までの百年ちかくのあいだにわたって継続している。和親の約束のむすびなおしにあたっては、漢側から匈奴側への公主の降嫁やさまざまな贈りものの贈呈がくりかえしおこなわれた。

こうした前漢時代における漢と匈奴との関係を通観すると、匈奴の力が漢を中心とした歴史変動に対して強い影響をおよぼしていることがわかるであろう。前漢以前の戦国時代においても、趙の武霊王が遊牧民にならって胡服騎射の軍制にあらためた故事がのこされている。ここにも、遊牧勢力のもつ歴史変動の原動力としての役割の一端がしめされているといえる。匈奴の影響力は、時代を通じてその強さに変化はあったが、前漢と後漢にわたって絶えることなくつづいている。匈奴以降の中国の歴史においても、遊牧勢力の強い影響力は継続した。

前漢と後漢を通じて、当然ながら匈奴の勢力には消長があった。その勢力の消長には、さまざまな要因が複雑にからまりあっている。おもな要因としては、内紛や外部の遊牧勢力との角逐、旱魃や雪害などの天災、漢との力関係の変化などがあげられる。内紛のおおくは、単于の後継をめぐる争いである。呼韓邪《こかんや》単于(在位紀元前五六～紀元前三一年)治世の初期には、五人の単于が並立してそれぞれが支配権を主張したこともあった。最終的にはこの争いに呼韓邪単于が勝利するが、そのあと兄の郅支《ちつし》単于との支配権をめぐる角逐がおこり、東匈奴と西匈奴に分裂する。この分裂は、郅支単于が紀元前三六年に死亡するとともに終結した。

紀元後も、匈奴の勢力の変遷はつづいた。四八年には、醢落尸逐鞮《かいらくしちくてい》単于が南匈奴を建国する。分裂後の北匈奴は、九一年に東アジアから姿をけした。姿をけした北匈奴の子孫は、一説では中央アジアのエフタルとなり、一説では五世紀前半を中心に西アジアで勢威をふるったフンとなったとされる。その経緯についてては不明なところがほとんどだが、いずれもその可能性はあるとおもわれる。南匈奴は後漢と連携を組むこともおおく、匈奴とならぶ遊牧勢力であった鮮卑《せんぴ》との抗争にもあたってもいる。五胡十六国の時代(三〇四～四三九年)に突入すると、南匈奴の末裔は鮮卑拓跋部《たくばつぶ》の勢力のなかに組みこまれる。北魏・隋・唐の時代に名門貴族としての命脈はたもたれたが、匈奴としての明確な姿はうすれていった。

匈奴の言語・民族系統についての議論が、二〇世紀の前半からさかんにおこなわれてきた。その議論のなかで、トルコ系、モンゴル系、ツングース系など多様な主張がみられる。それぞれの主張の主要な根拠は、『史記』匈奴伝などのなかにみられる人名や官職名の表記の解釈である。全体をあわせても数すくない根拠で、匈奴の言語・民族系統を断定することは困難といえる。のちのユーラシアにおける遊牧民のありかたをみると、言語的にはアルタイ諸語のすべてが包含されていた可能性が強いだろう。スキタイとの歴史的関連をかんがえると、アルタイ諸語以外の言語も匈奴語のなかにはいっていた可能性も排除することはできないかもしれない。

鮮卑拓跋部の持続性

鮮卑の祖先は、東胡とされる。『史記』匈奴伝には、春秋時代(紀元前七七〇〜紀元前四〇三年)の前半にあたる紀元前七世紀末ころの事象のなかで東胡の名をあげている。この匈奴伝においては、東胡の名はしばしば登場する。匈奴の冒頓単于の父頭曼単于の時代には、「東胡が強く月氏もまた盛んであった」という記述がみられる。この当時、東胡、月氏とも強い勢力をもち、匈奴と対抗関係にあったことがうかがわれる。冒頓単于の時代になって、東胡はさらに強盛さをまして頭曼単于の愛馬や冒頓単于の夫人のひとりを所望するようになった。これらの所望したものを獲得した東胡は、さらに匈奴と東胡とのあいだの境界となっている甌脱《おうだつ》(千余里にわたる空地)を要求する。このとき、冒頓単于はその要求をしりぞけて東方の東胡を打ちやぶった。東胡を撃破したあと、匈奴の勢力は強大になる。

『後漢書』鮮卑伝と同烏桓伝によると、冒頓単于にやぶれた東胡は鮮卑と烏桓とにわかれて命脈をたもつ。弱体化した鮮卑や烏桓は匈奴の勢力下にはいり、ともに前漢軍への攻撃にくわわったとされる。匈奴が南と北に分裂して北匈奴が西方にさったあとの地に、鮮卑が移動した。『後漢書』鮮卑伝には、北匈奴のさったあと地に「匈奴の余種の残留する者が、なお十余万落ほどあり、みな自から鮮卑と号した。鮮卑は、このために、次第に盛んになった」とするされている⑨。

この記述のなかで重要なのは、残留した匈奴の大規模な集団がみずから鮮卑を称するようになったという点である。この当時、あるいはこれ以前や以後においても、遊牧集団は時の趨勢に対応してかなり柔軟に自称や帰属をかえているわけである。当然、その時点で勢力の強盛な遊牧集団にはさまざまな言語や出自をもつ人びとが参加してきている。このため、歴史上のひとつの遊牧集団を何語系と断定するのは、至難の業となる。

後漢の桓帝(在位一四六～一六七年)の時代に、檀石槐《たんせきかい》のもとで鮮卑は強大な勢力となる。大人《たいじん》に推戴された檀石槐は、分裂した諸集団を鮮卑として結集し、以前に匈奴が占めていた故地を支配下におさめた。桓帝は檀石槐を王に封じて和親を請おうとするが、檀石槐はこれをしりぞけて後漢に対抗する勢いをたもったとされる。光和年間(一七八～一八四年)に檀石槐が四五歳で亡くなると、後継者をめぐる内部的な争いなどのため鮮卑の結集力は弱体化してゆく。この時代に、父の死後に大人となった拓跋力微《りょくび》(一七四～二七七年)を中心とした集団(拓跋部)が徐々に勢力をたくわえていった。二三〇年ころには、拓跋部を中心に分裂していた鮮卑勢力の結集がふたたびみられるようになる。

三一五年、拓跋力微の孫拓跋猗盧《いろ》が代を建国した。代では内紛と外部勢力との争いが絶えず、八代目の拓跋什翼犍《じゅうよくけん》のとき三七六年にほろびる。拓跋什翼犍の孫拓跋珪が、三八六年に北魏を建国する。北魏の建国によって、鮮卑拓跋部を中心とする王権が連綿と継続してゆく。拓跋珪は勢力を拡大するなかで三九八年に平城(現在の山西省大同)を首都とし、黄河以北の地を支配下においた。拓跋珪は、遊牧勢力の長としての可汗《カガン》の称号をもつと同時に皇帝(在位三九八〜四〇九年)とも称している。四四二年には、拓跋珪の孫拓跋燾《とう》(第三代世祖太武帝。在位四二三〜四五二年)によって華北の統一がとげられた。

四四三年(太平真君四年)に、平城から東北に約二〇〇〇キロメートルはなれた烏洛侯《うらくこう》国の使者が、拓跋燾のところに鮮卑の祖先たちが神霊をまつっていた旧墟(石室)がかれらの居住地にあるという報告をもたらした。この報告をうけて、拓跋燾はすぐに部下を派遣して祖先の故地をたずね、駿馬、ウシ、ヒツジをささげて祭天の祭祀をおこなっている。祭祀を挙行したあと、一連のいきさつを北魏からの使者は石室の岩壁に刻字した。この刻字された祝文が、一九八〇年に内モンゴル自治区東部フルンボイル市ちかくの嘎仙洞《かっせんどう》の西壁から発見された。祝文の内容は、『魏書』礼志に記載されている文章とほぼおなじであった。(10)嘎仙洞は、高さ一二メートル、広さ一九メートル、奥行き九二メートルの大きな洞窟で、大興安嶺《だいこうあんれい》北部の森林地帯のなかに位置する。

嘎仙洞の刻文から判明することが、いくつかある。はじめに、鮮卑の祖先たちの故地が、大興安嶺北部の大森林地帯のなかにあったということである。当時の大興安嶺は、現在よりもはるかに鬱蒼とした森林に覆われていたであろう。このような森林地帯に居住する人びとは、基本的に狩猟採集によって生活していたとおもわれる。いつの時代かわからないが、鮮卑の人たちは森林地帯をはなれて狩猟採集生活から遊牧生活に移行したわけである。嘎仙洞の刻文では、北魏につらなる拓跋部の始祖とされる拓跋力微の時代まで大興安嶺の森林地帯に居住していたとかんがえられているようだが、おそらく力微よりも古い時代のことであろう。この刻文がのこされた経過からみると、北魏の時代には祖先の由来についての伝承がほとんどわすれさられていたこともわかる。

四九三年、第六代の北魏皇帝である孝文帝(在位四七一～四九九年。拓跋宏《こう》)は平城から洛陽への首都の遷都をおこなった。このあと、孝文帝は拓跋から元への改姓や鮮卑語の官職名の排除など鮮卑色を薄める施策を強行する。孝文帝の鮮卑色を薄める施策に対する不満や反発も強く、四九九年の孝文帝の死去のあとも火種がきえることなく燻りつづけた。五二三年、この不平や不満の火種は六鎮《りくちん》の乱となって火をふく。六鎮は、武川鎮(内モンゴル自治区フフホト市武川県)など洛陽への遷都まえの首都平城を防衛するうえで重要な軍事拠点であった。この六鎮には北魏の支配をささえる鮮卑の有力集団が配置されていたが、洛陽遷都などによる地位低下が乱の導火線となったわけである。

六鎮の乱は五三〇年に終結したが、そのあと北魏の内部は分裂する。北魏は、東魏と西魏にわかれて相争うようになる。この争いのなかで歴史変動の主導権をにぎってゆくのは、いずれも武川鎮を本拠とする有力な軍事集団であった。この武川鎮を拠点とする軍事集団を基盤として、北周(五五七～五八一年)の始祖宇文泰、隋(五八一～六一九年)の始祖楊堅、唐(六一八～九〇七年)の始祖李淵が出現してくる。北周・隋・唐の支配者集団は、鮮卑拓跋部を中心とした濃密な親族・姻族関係でむすびあわされているわけである。内部だけでなく外部からの視点でも、代から北魏をへて隋・唐にいたる一連の王朝は鮮卑拓跋部を中心とした政治体制ととらえられていたであろう。

宇文泰は、後漢末に鮮卑化した匈奴系集団の子孫とされている。五〇五年に武川鎮に生まれた宇文泰は、五三五年にその前年に建国した東魏に対抗して西魏を建てる。西魏の実権をにぎる宇文泰は、北魏の六代皇帝孝文帝によってすすめられた鮮卑色を薄める施策をことごとくくつがえしていった。その一環として、もとの鮮卑姓にもどす施策をおこなっている。宇文泰が死去した翌年にあたる五五七年に、三男の宇文覚が簒奪して北周を建国した。

五八一年には、北周の四代皇帝宣帝の皇后楊麗華の父楊堅(五四一〜六〇四年)が簒奪して隋を建国している。楊堅の祖先は、一説では北方諸族のひとつとされる。楊堅の父楊忠は、宇文泰にしたがって数おおくの軍功をあげ、普六茹氏の姓をさずけられた。楊堅も北周の治世下で軍功をかさね、高官にのぼりつめている。隋の建国後、楊堅の主導で科挙制度が導入され、のちの中国史を大きく塗りかえる役割をはたした。楊堅は隋の初代皇帝文帝として、大興(のちの長安)を都にさだめている。

唐の初代皇帝李淵(五六六〜六三五年)は、大野《だいや》氏の姓をもっている。李淵の家系については、武川鎮出身で鮮卑化した漢族の末裔や鮮卑化したトルコ系高車《こうしゃ》の末裔などという諸説がみられるが、北魏の治世下ではやくから皇后をだす鮮卑の名家とされていた。李淵が隋の文帝の信任をえたのは、文帝の独孤《どっこ》皇后がかれの叔母であったからといわれる。李淵は、隋の二代皇帝煬帝に反旗をひるがえし、帝位を簒奪して唐を建国した。李淵の次子で唐の第二代皇帝である李世民は、宇文泰の外曽孫にあたる。唐王朝の代々の皇帝の系譜は、その滅亡まで李淵と李世民の子孫たちによってうけつがれている。(11)

鮮卑語の系統については、モンゴル語系やトルコ語系、ツングース語系など諸説が並立しているが、決定的な根拠はいまのところみいだされていない。鮮卑を構成する諸集団のなかには、これらのアルタイ諸語を使用する集団が複雑にいりまじっていた可能性が強いであろう。

突厥とオスマン帝国

突厥は、トルコ語系の諸集団を中心に構築された遊牧国家である。トルコ語系と明確に断言できるのは、北アジアから東アジアの地域で興亡をくりかえした遊牧国家のなかでめずらしくみずからの文字でみずからの歴史記録をのこしているからだ。これは、類例のすくない事例といえる。突厥ののこした歴史記録は、オルホン碑文をはじめとする石碑に刻まれた種々の碑文にみられる。

広義のオルホン突厥碑文は、ホショ・ツァイダム碑文とバイン・ツォクト碑文をあわせたものである。モンゴル中央部のオルホン川流域にあるホショ・ツァイダム碑文には、ビルゲ・カガン(可汗)碑文とキョル・テギン碑文がふくまれる。トラ川流域にあるバイン・ツォクト碑文は、トンユクク碑文をさす。ビルゲ・カガン碑は七三五年、キョル・テギン碑は七三二年、トンユクク碑は七二〇年ころに建てられている。ビルゲ・カガンとキョル・テギンは兄弟で、トンユククは突厥(ギョク・チュルク)の重臣である。トンユククの娘が、ビルゲ・カガンに嫁している。

オルホン突厥碑文では、突厥の始祖としてブミン・カガンとイステミ・カガンの名があげられている。ブミン・カガンは五五二年に突厥を建国した伊利《いり》可汗、ブミン・カガンの息子イステミ・カガンは五五三年に可汗位についた木汗《もくかん》可汗である。この時期は、鮮卑拓跋部が実権をにぎる西魏が北周に移行する四~五年前にあたる。突厥は、北周・隋・唐とときには争い、ときには同盟関係をむすんだ。五八二年には、内部抗争によって突厥は東西の勢力に分裂する。六三〇年には、唐の介入などによって東突厥の勢力は衰退した。六八二年に、ビルゲ・カガンとキョル・テギンの父イルティリシュ・カガンが可汗位についてふたたび勢力をもりかえす。
突厥文字でしるされたオルホン碑文には、周辺の諸勢力と突厥とのあいだにおこった衝突や戦役が克明に記録されている。この歴史記録は、石碑を建てる対象者となった人たちの戦功や勲功を顕彰するものでもあった。それと同時に、オルホン突厥碑文には子孫への戒めの言葉がのこされている。キョル・テギン碑文では、つぎのような文章がみられる[12]。

タブガチの人びとの言葉は甘く、絹の衣服は柔らかいという。甘い言葉や柔らかい絹の衣服でたぶらかして、遠くの人びとを近くにまねきよせるそうだ。近くにきて居をさだめたあとで、悪いたくらみをめぐらせるという。よい人や知恵のある人、よい人や勇敢な人には、力をもたせないようにするそうだ。ひとりがまちがいをおかせば、親族や父系集団、すべての集団構成員にまで害がおよぶ。甘い言葉や柔らかい絹の衣服の誘いにだまされて、たくさんの突厥の人びとが命をうしなってきた。この誘いをうけいれるならば、さらにおおくの突厥の人びとの命がうしなわれるだろう。[南に位置する]チョガイの森やトギュルトゥン平野に居をかまえるならば、突厥の人びとは死滅してしまうだろう。

そこでは、悪い人がつぎのようにいうそうだ。遠くにいれば悪いマル(家畜)をあたえ、近くにいればよいマルをあたえるというそうだ。知恵のない人はその言葉を真にうけて、たくさんの人びとが命をうしなってきた。そのような場所にまっすぐにゆくならば、突厥の人たちよ、命をうしなうだろう。ウトゥケンの地に居をかまえ隊商をおくりだせば、なんの困ったこともおこらないだろう。ウトゥケンの森に居をかまえ、永遠にその地からはなれることのないように。

タブガチは、拓跋の音写である。このキョル・テギン碑文が書かれた時代は唐代であるが、突厥の立場からみたとき代・北魏・西魏・北周・隋・唐などすべてがタブガチ(鮮卑拓跋部)という連続性をもった政治体制であったわけである。おそらく同時代の突厥以外の政治集団も、それぞれの言語でタブガチかそれにちかい表現で鮮卑拓跋部をよんでいたであろう。突厥の視点からは、おなじ遊牧生活を共有していた鮮卑拓跋部が時代をへるごとに変容をとげていったので、キョル・テギン碑文のなかでタブガチへの警戒を強める必要性を子孫への戒めの言葉として表現したものとおもわれる。

キョル・テギン碑文の戒めの言葉のなかでとどまるべき土地として強調されているウトゥケンは、石碑のたつオルホン川流域を中心とした地域とおもわれる。遊牧生活をおくる突厥にとって、重要な意味をもつ地域であったわけである。オルホン川流域を中心とする地域は、突厥以降にこの地を支配下においた回紇《かいこつ》(廻紇、回鶻。ウイグル)やモンゴルにも重要視されている。ここに、回紇やモンゴルによって遊牧社会のなかでは類例のすくない都城がもうけられたほどだ。

キョル・テギン(闕特勤)碑の西面には、唐の玄宗皇帝の「御製御書」とされる追悼文が漢文できざまれている。大唐開元二〇(七三二)年の年号をもつ追悼文では、キョル・テギンの勲功をたたえ、突厥との関係の深さへの言及がみられる。突厥文字による表現と漢文による表現とのあいだには、かさなる部分がきわめてすくない。

七四四年、突厥はおなじトルコ語系とされる回紇(ウイグル)の攻撃をうけて敗北する。その時点で政治組織としての突厥は崩壊し、歴史の表舞台から姿をけした。それと同時に、突厥とさまざまな形で連合体を組んだ諸集団も大きな影響をうける。連合体を組んだ諸集団は、ときには突厥と対立する。そうした集団のひとつが、オグズであった。

オグズ集団の名は、オルホン突厥碑文のなかでオグズやウチュ・オグズ、トクズ・オグズなどの表記でみられる。この当時、オグズ集団は突厥の勢力の北側に位置するセレンゲ川流域を本拠地としていたようだ。突厥の滅亡後しばらくのあいだは、セレンゲ川流域の本拠地にとどまっている。やがてオグズ集団は、ウイグルへの反乱をおこしてやぶれた。オグズ集団はモンゴル高原から姿をけし、西方への移動をおこなう。一〇世紀ころには、アラル海のちかくに達し、遊牧生活をおくっている。しばらくのちには、オグズ集団の一部はイスラーム化する。イスラーム化したオグズ集団は、トルクメン(トルコマン)とよばれるようになった。

一一世紀にはいると、トルクメン勢力はホラサン地方などからイランに侵入し、セルジュク朝(一〇三八～一一五七年)を建てた。セルジュクの名称は、オグズ集団の一支族クヌクの首長セルジュクの名からきている。一〇七一年、セルジュク軍はビザンツ軍をトルコ東部のマンジケルトでやぶった。マンジケルトでの戦勝のあと、トルクメンのアナトリア侵入がはじまる。一〇七七年には、アナトリアの地にルーム・セルジュク朝(一〇七七～一三〇八年)が建国された。

一二九九年、オスマン帝国の礎がきずかれる。オスマン帝国の建国にまつわる伝承によれば、建国の始祖オスマンはオグズ集団の一支族カユの一員とされる。その伝承のなかでは、一三世紀前半におりから中央アジア一帯に吹きあれたモンゴル軍の猛威をさけるため、オスマンの祖父スレイマン・シャーはイラン東北部のホラサン地方から一族をひきつれてアナトリア東北部に移動したといわれている。スレイマン・シャーとその一族は、ユーフラテス川上流やアルメニア山地で遊牧生活を数年間つづけていたという。チンギス・ハンの死をきき、ホラサンにひきあげる途中で、スレイマン・シャーはアレッポのちかくで死亡した。のこされた一族の一部はホラサンを目ざし、一部はアナトリアに残留する。この残留組は、西方へさらに移動し、アンカラのちかくで遊牧生活をおくったといわれる。その後、ルーム・セルジュク朝から西アナトリアのソユットに冬営地をあたえられたとされる[13]。こうした経緯のなかから、オスマン帝国が形成されていったのである。

石人に刻まれたタムガ(父系血縁集団の表象)．上がギョク・チュルク(突厥の中心集団)，下がオグズ(突厥構成集団のひとつ)．モンゴル中央部にて．1993年9月．松原正毅撮影，国立民族学博物館蔵

オスマン帝国の建国後も、オグズ集団は何派にもわたってアナトリアの地に放牧地をもとめて浸透していった。オグズ集団二四支族のうち、二三支族の名称がアナトリアの地名や集団名にのこされているとされる。現在アナトリアの地で遊牧生活をおくるユルックは、このオグズ集団の末裔である。

西アジアを中心に六〇〇年以上にわたって継続したオスマン

帝国(一二九九〜一九二二年)は、類例のすくないほど寛容性をもった統治体制を構築した帝国といってよいだろう。その寛容性は、多様な宗教や言語集団を幅ひろく包容するものであった。

モンゴル帝国の出現

一二〇六年、チンギス・ハンは即位した。即位したとき、チンギス・ハンは四〇歳をこえる年齢である。モンゴルの地の平定からはじめたチンギス・ハンは、またたくまにその支配域をひろげていった。チンギス・ハン軍は、中央アジアの深くまで攻めいる。一二二七年、西夏を攻撃中にチンギス・ハンは死去した。

チンギス・ハンの死後、その子息ジョチ(長男)、チャガタイ(次男)、オゴデイ(三男)、トルイ(四男)とその子孫たちがユーラシアの大半の地域を支配下におさめてゆく。モンゴル帝国は、世界帝国の相貌をおびるようになる。

チンギス・ハンの末子トルイの家系からは、元朝の代々の皇帝が輩出した。トルイの孫フレグは、西アジアを版図とするイルハン朝(一二五六〜一三五三年)を建国する。一二九五年、イルハン朝第七代ハンとなったガザンはイスラーム教徒となった。チンギス・ハンの長男ジョチはキプチャク草原からロシア南部を所領とし、その次男バトゥが東欧遠征軍の司令官として各地を転戦し支配の基盤をかためた。ジョチの三男ベルケ(生年不明〜一二六六年)は、モンゴル帝国の支配者層のなかでもっともはやい時期にイスラーム教徒になったとされている。中央アジアを所領としたチンギス・ハンの次男チャガタイの家系でも、チャガタイハン朝(一二二五〜一三四〇年)の第九代ハンのバラク(在位一二六六〜七一年)が一二七〇年ころにイスラーム教に改宗したといわれる。チンギス・ハンの三男オゴデイはジュンガル盆地を中心とした地域を所領とし、モンゴル帝国(大元ウルス)の第二代皇帝となった。オゴデイの息子グユクが第三代皇帝となるが、それ以後はオゴデイの家系から皇帝は選出されていない。オゴデイの家系の子孫たちを主体とする反乱や内紛もあったため、この子孫たちは大元ウルスのなかの王族としてのあつかいをうけているが、権力の中心からははずれた位置におかれた。

モンゴル帝国は、近代国家制度の形成以前に出現した唯一の世界規模の政治体制であったといえる。遊牧勢力を主体とする政治体制としては、モンゴル帝国はひとつのクライマックスをしめすものといってよいだろう。ただ、モンゴル帝国が元朝による一元的な支配体制の構造になっていない点に注意をはらう必要がある。元朝にしても、イルハン朝、チャガタイハン朝、ジョチ・ウルスにしても、それぞれほぼ独立した統治体制を維持しているからだ。それと同時に、東アジア、西アジア、中央アジア、ロシアなどの地域の歴史に立脚した統治体制が構築されている点も重要といえるだろう。基本的に、モンゴル帝国は多様な言語集団と民族集団によって構成されているのである。ユーラシアの広大な地域を全体的に視野にいれれば、それは当然の現象といえるだろう。

歴史的にみても、いわゆる遊牧国家は多言語・多民族の集団によって構成されている。その統治機構の運営にあたっても、複数の言語や民族の人びとが責任のある地位を担うことがおおい。突厥や回紇においては、トルコ語系の支配層をソグド語系の官僚層がささえる構造になっている。ソグド語は、イラン語系の言語である。六世紀末の西突厥の石人には、ソグド文字で表記された碑文を刻んだ事例がみられる。のちに、ソグド文字の草書体にもとづいてつくられたウイグル文字がモンゴル文字に転用されている。

モンゴル帝国でも、草創期から多様な出自をもつ人びとや集団がその形成に参加してきている。チンギス・ハンのモンゴル帝国創成にむけた戦いに重要なメンバーのひとりとして活躍したチンカイ(生年不明〜一二五一年?)は、ウイグル人とされる。チンカイはネストリウス派のキリスト教徒といわれるが、チンギス・ハンによるモンゴル高原の統一後には筆頭書記官として帝国の政務の要となっている。チンギス・ハンの死後も、チンカイはオゴデイ、グユクの時代にわたって要職にあった。チンカイが首都カラコルムで書記局を統括していた時代には、ホラズム出身のトルコ系のマフムード・ヤラワチ(財務官僚)や契丹《きったん》人の耶律楚材《やりつそざい》など多彩な人材がモンゴル帝国の運営の一端を担っている。元朝の運営にあたっては、ウイグル人などをふくむ多数のイスラーム教徒が重要な役割をはたした。

中央アジアを版図とするチャガタイハン朝では、モンゴルの征西以前からこの地を活動の拠点とするトルコ系のイスラーム教徒たちのなかから輩出した官僚たちが政務や財務をささえている。トルコ系の人たちがイスラーム化するのは、一〇世紀後半のカラハン朝の時代からといわれる。カラハン朝は、八四〇年にキルギスの攻撃をうけて回紇が滅亡したあと中央アジアの地に興隆する。チャガタイハン朝の版図の大部分とかさなるカラハン朝は、滅亡した回紇の遺民のおおくをうけいれたトルコ系のカルルク集団を中心とした政治体制であった。一二一二年にカラハン朝は滅亡するが、その構成員のほとんどはチャガタイハン朝の支配下にはいった。そのためもあって、チャガタイハン朝はイスラーム化と同時にトルコ語化してゆく。その流れのなかで、文語としてのチャガタイ・トルコ語が確立した。

イルハン朝では、統治知識の厚い蓄積を有するペルシア官僚層が補佐役をつとめている。これらの官僚たちは、いずれもイスラーム知識人でもあった。元朝やジョチ・ウルスにおいても、有能な現地の人材の登用がおこなわれている。一三六八年、元朝は明の攻撃をうけて瓦解する。元朝は瓦解したが、完全に滅亡したわけではない。元朝の残存勢力の半数以上が北のモンゴル高原を中心とした地域に移動し北元としての勢力をたもった。北元は内部的な変容をとげながらも、一六四四年に明朝をたおした清朝政権の連合勢力として機能している。

西アジアから中央アジア、東アジア、北アジアにおよぶ広い空間において長期間にわたって遊牧勢力を中心とした歴史変動がくりかえされてきたのは、遊牧勢力が基本的にそなえていた柔軟な社会編成をおこなう力によるところがおおいとおもわれる。柔軟な社会編成をおこなう力は、言語や出自の違いを問わない包容力にもとづいたものである。諸宗教への寛容性も、並行してみられる。もちろん、騎馬戦力を中核とした卓越的な軍事勢力の存在も、歴史変動の原動力をはたす要素となっているだろう。雪だるま式に現地勢力をくわえて軍事勢力を拡大してゆく現象は、モンゴル軍の征西をふくめてユーラシアにおいて幾度もくりかえしみられた。

近代国家制度の形成

遊牧生活の持続のうえで最大の障害となっているのが、近代国家制度の形成であった。それによって、遊牧生活の持続そのものが困難となっている。遊牧生活の持続が困難になっただけでなく、近代国家制度の形成が遊牧生活の基盤を掘り崩すはたらきをした面もみられる。

近代国家制度の形成は、一八世紀末ころから西ヨーロッパを中心に進行する。一九世紀にはいると、その波は西ヨーロッパをこえて世界の諸地域にひろがってゆく。近代国家制度の思想の中核となったのが、土地の私有化である。土地の私有化の観念そのものは、紀元前のハンムラビ法典や古代ローマ法の時代からみられた。それでも、土地の私有化が明確に適用されている範囲は、地球規模でみれば限定的なものであったといえるだろう。近代国家制度の形成の前提として土地登記法や土地所有権の法的整備が展開すると、土地の私有化が世界的にすすむ。この土地の私有化の進行は、国境線の厳密な確定と相関したものであった。

国境線の厳格化と土地の私有化の拡大は、遊牧生活の持続を大幅に制約するものであった。原則として土地の私的所有意識をもたない遊牧社会にとって、国境線や私有地の境界は自由な移動を阻害する要因となる。自由な移動の阻害によって、従来どおりの遊牧生活を持続することが困難になった。そのため、遊牧生活そのものの大幅な変更や放棄という事態が生じた。

近代国家制度の形成の過程で、ユーラシアの諸地域で遊牧生活を制約するさまざまな処置がとられた。先述したように、トルコ共和国では共和国成立の一一年後にあたる一九三四年六月に定住化法

（イスキャン・カヌヌ）が公布・施行されている。この定住化法は、父系血縁制にもとづいて構成された遊牧民ユルックの社会組織の解体を法的に命令するものであった。トルコにおける定住化法は、一九四〇年代、五〇年代を通じて法的な拘束力を強化する方向にむかう。その方向は、移動をともなう遊牧生活を放棄して、定住生活を強制するものであった。近代国家制度のなかで、定住地をもたないで移動する遊牧生活そのものが規制の対象となったわけである。定住化法の効力は、絶大であったといえる。一九八〇年代ころまでには、遊牧民ユルックの九割以上が定住化を余儀なくされたからだ。それでも、ごく少数のユルックは、かれらにとってなにごとにも代えがたい自由な生活である遊牧生活の継続を選択している。

トルコ共和国以上に中央政府による急激な定住化の圧力がみられたのは、旧ソビエト連邦中央アジアの地域であった。カザフスタンにおいては、一九二九年からはじまったコルホーズ（集団農場）の創出をスローガンとした全面的な集団化が強行される。ここでは私有化が否定され、土地や家畜などの共有化とともに定住化が否応なく強制的にすすめられた。強制的な集団化に抵抗したカザフ人は、徹底的な弾圧をうけた。強制的な定住化・集団化に抵抗する手段として、武力闘争とともにみずからの家畜群を殺害する方法もとられている。こうした大動乱のなかで、一九三〇年代前半までに武力による殺戮や大規模な飢饉にともなう餓死のため百数十万人の人びとが命をうしなったとされる。これは、当時のカザフ人の人口の四割前後にあたるといわれている[14]。

近代国家制度の形成は、国民国家の創出でもあった。国民国家の創出にあたって、国民や国語が生みだされてゆく。おおくの国民国家は多民族・多言語で構成されているので、少数民族問題や言語消滅問題が発生した。それだけでなく近代国家制度の形成は、植民地問題もひきおこしている。西欧列強による植民地獲得競争は、一五世紀のスペインによるアメリカ大陸への侵略をはじめとしてはやくからみられたものである。一八世紀後半には、イギリスによるムガール帝国の植民地化が加速される。一九世紀半ばすぎには、イギリスはインドを植民地とし、約一〇〇年にわたってその支配下においた。

アフリカにおいては、一八八〇年代から第一次世界大戦直前まで西欧列強による植民地分割競争がおこる。アフリカの植民地分割競争にくわわったのは、イギリス、フランス、ドイツ、イタリア、ベルギー、スペイン、ポルトガルの七カ国であった。西欧列強による植民地主義の刃は、オスマン帝国や清帝国、東南アジア、オセアニアなどにもむけられた。日本も、すこしおくれてこの植民地主義の攻勢の波にのっている。植民地主義の攻勢の波は、近代国家制度の形成と表裏一体の関係にあったといえるだろう。それは、近代国家制度が一国の国益至上主義を追求する仕組みであったためでもある。

歴史的にみると、近代国家制度の形成はユーラシアにおけるオスマン帝国やムガール帝国、清帝国、ロシア帝国などの旧体制を一掃する役割をはたしたといえるかもしれない。ロシア帝国は一九一七年のロシア革命をへて旧ソビエト連邦に変貌するが、これも近代国家制度の形成の一類型ととらえることができるだろう。オスマン帝国やムガール帝国、清帝国、ロシア帝国の四大帝国は、いずれも建国の初期において濃淡の差はあるが遊牧勢力となんらかの関係をもっていた。その意味では、近代国家制度の形成はながい期間にわたるユーラシアにおける統治制度への遊牧勢力の影響を払拭するものであったといえるだろう。もともと遊牧勢力との直接的な関係が薄い西欧と日本が、近代国家制度の形成に一定の役割をはたすのはひとつの歴史の流れであったわけである。

遊牧の未来

数万年にわたって現生人類のなかで重要な役割をはたしてきた遊牧の未来は、どうなるのであろうか。地球上にみられる遊牧生活が、従来の形から大きく姿をかえつつある。これまで継続してきた広い範囲での移動そのものが、さまざまな理由からおこなえなくなってきている。大規模なダム建設などによって移動路が水没して消失したり、利用できる放牧地が土地の私有化の進行によって確保できなくなったためである。遊牧が商業主義的な畜産の一環に組みこまれたため、従来の形を維持するのが困難になった面もみられる。肉やカシミアの毛などの供給源としてだけの位置づけから、ひとつの世帯構成員すべての移動をともなった遊牧生活の形態が減少しつつある。

従来形の遊牧生活が姿をけしてゆくなかで、遊牧の重要性をまえにもまして認識する必要性がでてくるといえる。とくに、土地の私有化の際限のない肥大にかかわって、土地の私的所有権を主張することのすくない遊牧の知恵にまなぶべきところがおおいといってよいだろう。現在、世界的に進行している国境線の厳格化と寸土をも私的所有にしたうえでの土地売買の拡大は、現生人類の穏やかで自由な活動を窒息させてしまう可能性さえあるからだ。この土地売買という現生人類の行為は、地球上のすべての生物の生存に大きな影響をあたえている。

地球上の陸地には、その誕生から現在まで数十億年の歴史が刻みこまれている。五億年前ころには植物が陸上に進出し、そのあとに節足動物や脊椎動物の陸上進出がつづいたとされる。陸上生物の出現後、デボン紀後期(三・七億年前)、ペルム紀末(二・五億年前)、白亜紀末(六六〇〇万年前)の生物大絶滅の危機をくぐりぬけながら、生物の進化は展開してゆく。その展開のなかで、陸上の植物や動物はそれぞれの生活をいとなみ、子孫へとつづく歴史を継承していった。生物の多様化に対応して、地球上の陸地は個々の生物の生存のためにさまざまな形で利用されてきている。生物による同一場所の利用には排除原理がはたらくが、棲み分けや異種間での共生関係を構築することによって多様化が確保される。動物によっては縄張りの設定による土地の占有現象もみられるが、異種の動物の空間利用を全面的にさまたげるものではない。原則として、地球上の陸地はこれまで存在した全生物の総体によって利用され共有されてきたわけである。

陸上生物史の視点からみるとき、近代国家制度の形成とともに強化された土地の私有化の進行は特異な現象といってよいだろう。数十億年の歴史の経過のなかで現在の形となった地球上の土地を、個人や企業、国家の単位で所有し、占有権だけでなく処分権や売買権もあたえられるという状況は尋常とはいえないのではないか。最低限でも、できるだけおおくの地球上の土地を地球規模の公有地とし、現生人類全体の共有地として利用する形態をかんがえるべきであろう。そのためには、一国の国益第一主義を主張する近代国家制度の手なおしをこころみなければならない。これは、当然ながら至難の業である。それでも、土地の所有権の問題を根源的なレベルでかんがえる必要があるだろう。そのときには、土地の私有化と対極的な位置を占める遊牧の知恵にまなぶところがおおいといえる。

現在、遊牧が畜産の一環のなかに組みこまれてゆく流れを全面的にかえることが困難な状況になっている。それだけ、世界的に経済至上主義の潮流が強いともいえるだろう。一方で、経済至上主義の潮流がこのまま永続的につづくのかどうか、そのままつづいてよいのかどうかという問題がある。現時点で加速しつつある地球温暖化への対処をもふくめて、地球全体の生態系を破滅的な変化にさらさない方法をかんがえる必要があるからだ。地球温暖化の加速をふせぎ地球の生態系を保持してゆくための手段として、野生動物群との共生関係の構築に基盤をおいた遊牧の持続はもっとも効果的な方法のひとつといってよい。問題は、地球全体の生態系を絶望的な破壊にむかわせないような方向に一歩を踏みだせるかどうかにかかっている。破滅的な方向と逆の流れが生まれるとき、遊牧の未来は確実にあかるいものとなるだろう。

遊牧が現生人類史のなかではたした役割と歴史変動の原動力として機能してきた歴史を、あらためて再評価することが不可欠といえる。現生人類が直面している数おおくの問題に正面からたちむかうとき、遊牧の知恵をおもいおこす必要がある。近代国家制度のもつ一国の国益第一主義の閉鎖性をこえてゆくためにも、遊牧の知恵にまなんで土地の私有化の陥穽をうちやぶらなければならないだろう。そのためには、社会編成に柔軟性をもつ必要がでてくる。個の自立と社会編成の柔軟性を両立するためには、あらゆる面において異質性を許容しながら共生をはかる「存異共生」のかんがえを徹底しなければならない。存異共生のかんがえを現生人類が全体的に共有できるかどうかによって、これからの地球史の姿はかわってゆくだろう。

(1) デイヴィッド・W・アンソニー、東郷えりか訳『馬・車輪・言語——文明はどこで誕生したのか』上、

筑摩書房、二〇一八年、三一一〜三一八頁。

この書のなかで、ボタイ遺跡から出土した多数のウマの遺骨(約三〇万個のばらばらの指骨や歯などの骨)のうち七五〜九〇パーセントは狩猟の対象になった野生ウマとしている。

(2) 車輪の起源として、荷物運搬用のコロとして利用していた丸太を輪切りにして車軸をつけたという説もある。

(3) Ralf Kittler, Manfred Kayser & Mark Stoneking, "Molecular Evolution of Pediculus humanus and the Origin of Clothing," *Current Biology*, 13 (16), 2003, pp. 1414-1417.

(4) ブライアン・フェイガン、東郷えりか訳『人類と家畜の世界史』河出書房新社、二〇一六年、一五四〜一六二頁。

(5) Cevat Ülkekul, *8200 Yıllık Bir Harita Çatalhöyük Şehir Planı*, Dönence, 1999.

(6) 杉勇『世界の歴史　第1巻　古代オリエント』講談社、一九七七年、一五七〜一五八頁。

(7) アルジャン古墳については、つぎの著書に詳説されている。
林俊雄『興亡の世界史　第2巻　スキタイと匈奴　遊牧の文明』講談社、二〇〇七年、七八〜八六頁。

(8) 内田吟風訳注「史記匈奴列伝」内田吟風・田村実造他訳注『騎馬民族史1　正史北狄伝』東洋文庫、平凡社、一九七一年、三〜四頁。

(9) 内田吟風訳注「後漢書鮮卑伝」『騎馬民族史1　正史北狄伝』一八三〜一八四頁。

(10) 嘎仙洞の所在地は、内蒙古自治区呼倫貝爾盟鄂倫春自治旗阿里河鎮西北一〇キロメートルである。嘎仙洞は花崗岩の洞窟で、その名称はオロチョン語からきているが、意味は不明とされている。刻文の発見からまもない時期の報告として、つぎの論文がある。
米文平「鮮卑石室的発現与初歩研究」『文物』第二期(総二九七期)、一九八一年、一〜一五頁。

わたし自身が嘎仙洞をおとずれたのは、一九九九年八月であった。

(11) 杉山正明は、北魏・東魏・西魏・北斉・北周・隋・唐などを「拓跋国家」とよんでいる。

杉山正明『遊牧民から見た世界史』増補版、日経ビジネス人文庫、日本経済新聞出版社、二〇一一年、二四九〜二五六頁。

(12) Muharrem Ergin, *Orhun Abideleri*, Boğaziçi Basım ve Yayınevi, 1978, sa. 18.

(13) オスマン帝国の建国にまつわる伝承を文字化して文書の形にととのえる作業は、一五世紀はじめから開始されている。これは、建国から一〇〇年以上たった時点である。この文書化の作業の過程で、さまざまな伝承が付加されたり、つなぎあわされたりした可能性は強い。林佳世子は、オスマン帝国の礎をきずいたオスマン集団を無頼集団の出自としている。

林佳世子『興亡の世界史　第10巻　オスマン帝国　５００年の平和』講談社、二〇〇八年、三七〜四八頁。

(14) 野部公一「遊牧地域からソ連の食料基地へ」『カザフスタンを知るための60章』(宇山智彦、藤本透子編著)明石書店、二〇一五年、一三三頁。

あとがき

トルコ系遊牧民ユルックにおけるフィールドワークをおこなってから、四〇年をこえる歳月がすぎさった。このフィールドワークの契機は、遊牧への深い興味である。家畜群とともに移動する生活の内容がどういうものであるのか、それがどのような経緯のなかで起源したのか、フィールドワークをおこなっているあいだもその後もかんがえつづけてきたことであった。

遊牧の現在については、一九七九年から八〇年にかけてのフィールドワークをおこなったあと、『遊牧の世界――トルコ系遊牧民ユルックの民族誌から』（中公新書、一九八三年）と『遊牧民の肖像』（角川選書、一九九〇年）の二冊の著書にまとめた。これらの著書のなかでは、遊牧の起源の問題についてはふれていない。この二冊の著書においては、遊牧の構造・骨格と遊牧民たちの人生を記録にとどめておくことを主目的としたからである。

このたび上梓することができた本書では、遊牧の起源と展開の問題に真正面からとりくんでいる。遊牧の起源の解明は、たいへん困難な課題である。この解明の作業は、至難の業にちかいといってよいだろう。遊牧という生活形態そのものが、たちさったあとにほとんどなにも痕跡をのこさない構造であるからだ。おおくの場合、遊牧生活の痕跡はテントをたたんで幕営地をあとに移動した直後でも確認することが難しい。歴史的に考古学的に遊牧生活の細部と全体像を把握することは、不可能にちかいといえるだろう。そのうえに、例外的な事例をのぞいて遊牧民自身がみずからの歴史を文字記録にとどめることがすくない。

わたし自身は、フィールドワークを通じてみずから身近に接してきた遊牧生活そのものに基盤をおきながら、遊牧の起源をかんがえるしか道はないとおもってきた。そのおもいは持続的にあったけれど、それを文字化して記録として定着する作業は容易なことではなかった。遊牧の起源について現在の形にまとめあげるのに、前二著の出版から三〇年をこえる時間がかかってしまっている。思索を深めるためには、それだけの時間が必要であったのかもしれない。

遊牧の起源をかんがえるにあたって、すべての手がかりはわたし自身が居をともにした遊牧民ユルックの遊牧生活そのもののなかにあったと断言してよいだろう。遊牧民ユルックの遊牧生活のなかに、すべての遊牧の歴史が凝縮して保存されているからである。遊牧生活の全体像を視野におさめるとき、遊牧の歴史が如実にうかびあがってくる。問題は、遊牧生活の全体像を視野におさめながら、同時に生活の細部を全体のなかに位置づけることができるかどうかにかかっている。

遊牧民ユルックの社会のなかで同居生活をはじめてすぐに気がついたのは、人びとと家畜群とのあいだの距離感についてであった。ユルックの人びとは、けっして家畜群をペット的な存在としてあつかうことはしない。当然ながら、家畜群は愛玩の対象ではないわけである。同時に、人びとは家畜群を奴隷的な存在としてあつかうことはない。人びとが、一方的に家畜群に暴力をふるう場面をみかけることもなかった。もっとも強く感じたのは、人びとと家畜群とのあいだに存在する穏やかな親和性である。この穏やかな親和性の存在こそが、遊牧生活の基盤になっているという印象を深くした。

フィールドワークを継続するなかでいくつか目撃したのは、家畜群の自律的な行動である。各幕営地からの移動の時期をみずから察知した家畜群がしめす非日常的な行動、放牧時の採食で時にみられる牧夫の介入なしの家畜群による自律的な行動などが、そうした事例のひとつといえる。原則的に家畜群の行動のおおくは牧夫の管理下にあるが、家畜群の行動すべてが完全に管理下におかれているわけではないのである。こうした家畜群による自律的な行動や人びとと家畜群とのあいだの穏やかな親和性の存在をみると、家畜群が単純に「家畜」としてあつかわれているのではないとおもえた。すべての家畜群は、単なる「家畜」以上の存在なのである。

家畜群による自律的な行動や人びとと家畜群との穏やかな親和性の根源をたどってゆくなかで、両者のあいだに共生関係が構築されていたという認識にいたったわけである。現生人類と家畜群の共生関係の構築は、あきらかに古くてながい歴史的経緯のなかで実現している。現生人類と野生有蹄類群との共生関係の構築が先行し、それを基盤にして家畜化がはじめて進行したといえる。おそらく、現生人類と野生有蹄類群との共生関係は長期間にわたって継続したとおもわれる。この長期的な共生関係の継続期間中に、遊牧の起源はあったわけである。

遊牧民ユルックの社会のなかでフィールドワークをおこなっているときに、四六時中といってもよいほど頻繁に目撃したのは遊牧生活における女性と子どもたちの役割の重要性である。女性と子どもたちの役割は、遊牧生活の根幹ともいえる搾乳や乳製品製造など乳をめぐる作業において不可欠な位置をしめている。この重要性は、乳をめぐる作業だけでなく遊牧生活の全体におよぶ。とくにきわだっているのが、家畜の認識において女性と子どもたちがはたしている機能であった。

遊牧民ユルックの社会では、家畜の認識が三つのレベルにおいてなされている。第一レベルは成熟度や性差にもとづく認識、第二レベルは記述的な名称体系にもとづく認識、第三レベルは母系制系譜にもとづく個体名の認識である。この三つのレベルの認識を基盤に、遊牧民ユルックは数百頭におよぶすべての家畜群を認識し把握している。第一レベルと第二レベルの認識体系は、男女の別なく全構成員が共有しているものだ。第三レベルの認識体系は、女性と子どもたちが保有している。母系制系譜にもとづく個体名の知識と情報によって、はじめて家畜群の歴史と特徴が明瞭に記憶され伝承されてゆくわけである。

遊牧生活を継続してゆくうえで、第三レベルの認識体系の存在はきわめて重要といえる。それと同時に、この知識と情報が女性と子どもたちのあいだで保有され継承されてゆくことも重要である。この事実をわたし自身はフィールドワークの最中から確認していたが、前二冊の著書のなかでは充分に表現することができなかった。本書を執筆するなかで、遊牧の起源においてはたした女性と子どもたちの役割の大きさをあらためて認識しなおした次第である。第三レベルの認識体系の存在に象徴されるように、女性と子どもたちの参画が遊牧の起源と遊牧生活の持続をもたらしたことは確実といえる。この点における女性と子どもたちの役割の重要性を、大きく評価すべきであろう。

本書は、現生人類史のなかでの遊牧の起源の問題とともに、遊牧のはたした役割とその位置づけをあつかっている。遊牧は、現生人類が誕生地のアフリカからユーラシアへと活動の場をひろげるとともに、現時点にまでつらなる多大な恵みをもたらしてきた。現在における世界の現生人類の日常生活のなかで、遊牧に由来する乳製品や畜産物などが生存に不可欠な要素となっている。自動車や電車などに広範に使用される車輪も、遊牧に由来する畜力を車行に応用する工夫がなければ活用されることはなかったといえる。歴史変動の原動力としての遊牧の力は、大きい。現生人類史における遊牧の再評価を、さまざまな局面でおこなう必要があるだろう。

本書は、現生人類史のなかでさまざまな形で遊牧にかかわってきたすべての人びとへの報告書のひとつとして執筆したものである。遊牧の全体像が本書によってすべてあきらかになったわけではないが、遊牧の起源と歴史の一端をしめすことができたのではないかとおもっている。本書の上梓によって、いままでみることができなかった風景を垣間みる機会ができたのではないだろうか。

本書を、歴史上に去来したすべての遊牧民にささげたいとおもっている。遊牧の周辺にいた人びとや遊牧と敵対的な立場にいた人びとにも、本書が遊牧の歴史的位置づけのひとつのこころみであることを理解していただきたいと願っている。同時に、本書は遊牧研究の先達である今西錦司先生と梅棹忠夫先生、遊牧民への深い愛情と興味を終生たやすことのなかった司馬遼太郎さんへの報告書でもある。司馬さんには、一九八三年に刊行したわたしの著書『遊牧の世界』についてかなり長目の書評(「文明論への重要な資料――松原正毅『遊牧の世界』を読んで」『中央公論』五月号、一九八三年)を書いていただいた。わたし自身の遊牧研究の一里塚を、この報告によってしめしておきたいとかんがえている。

本書の第3章「遊牧の骨格」の部分は、既刊書の『遊牧の世界』の第1章から第5章の随所にまたがってみられる文章を集約して加筆訂正したうえで再編集しなおしたものである。かなりの部分は、あらたに書きおろした。遊牧の骨格を的確に表現するためには、わたし自身のフィールドワークの成果にもとづく必要があったからである。

本書が現在の形になるまでには、おおくの人びとの助言や手助けをいただいている。お世話になったすべての人びとに、お礼をもうしあげておきたい。はじめに、一九七九年から八〇年にかけてのわたし自身のフィールドワークを全面的にうけいれていただいたチョシル・ユルックの人びとと、わたしが居候をしたチャドル(テント)のスレイマン・シャーヒン(前二書ではムスタファ・ギョクの名前をつかっている)のご一家に深甚な謝意とお礼をもうしあげる。遊牧民ユルックの人びとの懇切な手引きがなかったら、わたし自身が遊牧の世界にたちいることは不可能であったからである。残念なことに、スレイマン・シャーヒンさんは二〇一四年二月に逝去した。二〇一五年七月に、アンタリアの長男アリの家をたずねたとき、このことをきいている。

本書の出版にあたっては、岩波書店編集部の中山永基さんのお世話になった。中山さんに深い謝意を表したい。中山さんとのあいだをとりついでくれた大野旭静岡大学教授(筆名楊海英)にも、お礼をもうしあげる。

わたしは、二〇一一年九月に脳出血(視床の部位)で緊急入院した。そのあとリハビリ病院にも入院し、退院後もリハビリにつとめてきた。さいわい、右半身に不具合がのこっているが、最低限の社会生活の持続はできている。以前のように右手で原稿を書くことができなくなったが、左手をつかってパソコンでゆっくりと原稿の執筆をすることはできた。二〇一九年はじめころからは右手の中指でもパソコンのキーをおすことができるようになったので、すこしだけ執筆速度があがっている。そのおかげで、本書の執筆も可能になった。

妻和子は、一九七〇年一二月の結婚以来の人生の同行者である。脳出血の発病のときだけでなく、すべての人生の場面でお世話になった。ありがとうございました。おかげさまで、本書の執筆を無事に完了することができたとおもっている。

二〇二一年一月

松原正毅

索　引

あ 行

か 行

さ 行

た 行

な 行

は 行

ま 行

や 行

ら 行

わ 行

松原正毅
1942年広島市生まれ，松山市育ち．国立民族学博物館名誉教授，総合研究大学院大学名誉教授．専攻は遊牧社会論，社会人類学．京都大学大学院文学研究科修士課程修了．国立民族学博物館教授，同館地域研究企画交流センター長，坂の上の雲ミュージアム館長などを歴任．著書に『遊牧の世界――トルコ系遊牧民ユルックの民族誌から』(平凡社ライブラリー)，『カザフ遊牧民の移動――アルタイ山脈からトルコへ　1934-1953』(平凡社)，『中央アジアの歴史と現在――草原の叡智』(編著，勉誠出版)など．

遊牧の人類史――構造とその起源

2021年8月5日　第1刷発行
2023年1月16日　第3刷発行

著　者　松原正毅《まつばらまさたけ》

発行者　坂本政謙

発行所　株式会社 岩波書店
〒101-8002 東京都千代田区一ツ橋 2-5-5
電話案内 03-5210-4000
https://www.iwanami.co.jp/

印刷・三陽社　カバー・半七印刷　製本・牧製本

ISBN 978-4-00-025431-1　Printed in Japan